AUF DEM MEER ZUHAUSE

~ ROMAN ~

1. AUFLAGE 2021
Erschienen im Selbstverlag

Adresse der Herausgeberin:
Stefanie Leistner
Verdistraße 4
14558 Nuthetal

Copyright des Textes © Stefanie Leistner

Covergestaltung, Satz und Illustrationen:
© Gunther Schumann

Papier: Munken Print Cream 18, 90g

Druck und Bindung: GRASPO CZ, Tschechien
Bestellung und Vertrieb: Nova MD GmbH, Vachendorf

MIT SEABIRD
DIE WELT ENTDECKEN...

Joseph: Im Flugzeug zur Arbeit

Die Symbole der geschlossenen Anschnallgurte leuchteten Rot über unseren Köpfen. Mit einem Klack ließ ich die Schnalle vor meinem Bauch einrasten. Nur noch wenige Minuten. Seit Tagen konnte ich es kaum erwarten. Spielerisch drehte ich den schmalen Goldring um meinen Finger. 375 Gelbgold, etwas Besseres konnten wir uns nicht leisten, damals mit Anfang 20, als Nataşa eine lebenslange Rolle als Hausfrau und Mutter einforderte.

Langsam lief eine junge Stewardess den Mittelgang entlang. Vor sich hielt sie einen schwarzen Plastiksack. Prüfend huschte ihr Blick die einzelnen Sitzreihen entlang. Ihr brünettes Haar war zu einem strengen Dutt hochgesteckt, was ihr ein gewisses Maß an Reife und Autorität verlieh. Dabei konnte sie kaum älter als 23 Jahre sein. Ihre Uniform stand ihr ausgezeichnet. Ein dunkelblauer Rock, der sich eng um ihre schmale Taille bis zu den spitzen Knien schmiegte. Kurzes Jacket, weiße Bluse. Sicher Maßanfertigungen. Daran hätten sich unsere Schneider ein Beispiel nehmen können.

Ohne mich anzuschauen, griff sie nach meinem Pappbecher und ließ ihn in den Müllbeutel fallen.
„Sir, bitte klappen Sie jetzt ihr Tablett nach oben."
„Aber gerne", erwiderte ich mit weicher Stimme. Zu gern hätte ich ihr direkt ins Ohr geschnurrt, ihren strammen Po gestreichelt und sie mit einem kleinen Klaps zum Jauchzen gebracht. Stattdessen presste sie nur kurz ihre roten Lippen zusammen, was ihre Mundwinkel nach oben trieb. Nicht mehr als ein müder Höflichkeitsreflex.

Joseph: Im Flugzeug zur Arbeit

Hier war ich nur ein gewöhnlicher Passagier. Nichts, das mich markant hätte hervorheben lassen. Kein stählerner, durchtrainierter Körper, kein besonders anmutiges Gesicht. Nur ein stoppliger dunkler Bart, der buschiger gewachsen wäre, wenn ich nicht genetisch von einer Linie haarausfallbelasteter, dickbäuchiger Männer abstammen würde. Auf dem Schiff spielte das jedoch alles keine Rolle.

Seit drei Jahren waren die Ozeanriesen von Seabird meine zweite Heimat. Seit wir – Nataşa, unsere Yasmina und ich – einen Urlaub in Kroatien gemacht hatten. Die Reise ans Meer sollte mich aufheitern. Ich hatte gerade meinen Job verloren, da nach dem Beitritt Rumäniens zur EU hunderte von Polizeibeamten aufgrund von Korruptionsverdacht entlassen wurden, inklusive mir. Frustriert nach monatelanger Arbeitssuche stand ich am Strand von Dubrovnik und sah dieses riesige Schiff mit der aberwitzig grinsenden Möwe auf dem Bug. Kreuzfahrtschiffe kannte ich bisher nur von der Fernsehwerbung. Sie waren für mich der Inbegriff von Luxus, der Weg in ein Leben mit mehr Abwechslung und Aufregung. Zu meiner Überraschung hatte Nataşa meinem Vorschlag nichts entgegenzusetzen, sie war froh über einen Ausweg aus unserer finanziellen Misere.

Das Flugzeug rüttelte, mein Kopf fühlte sich an als steckte er im Beutel unseres Vakuum-Schweißgerätes. Mit der Fingerkuppe fuhr ich die kleinen Kratzer auf meinem Ehering entlang. Zwei fast parallele schmale Rillen, die entstanden, als ich vor Jahren unseren Mixer reparierte. Daneben eine winzige Delle vom Aufprall des Toilettendeckels, den mir unser dreijähriger Sohn aus Versehen auf die Hand knallte, während ich versuchte, die von

ihm ins Klo gestopfte Papierrolle aus dem Abfluss zu puhlen.

Die Klappen der Tragfläche neben mir senkten sich ab. Ungeduldig rutschte ich auf meinem Sitz hin und her. Längst befanden wir uns unterhalb der Wolkengrenze. Auf dem Boden ruhte ein unregelmäßiges Gewebe aus Straßenzügen, nur ab und zu unterbrochen von grünbraunen Freiflächen. Direkt daneben lag das Meer. Dunkles Türkis durchzogen von weißen Wellenkämmen, wie das Fell eines riesigen Tieres. In der Hoffnung, einen ersten Blick auf das Schiff zu erhaschen, wanderten meine Augen die Küste entlang. Abseits der Stadt, umgeben von tosenden Wellen entdeckte ich mehrere weiße Punkte. Einer davon musste es sein. Das war mein Zeichen, der erste Anblick, mein Vertrag hatte begonnen.

Ich öffnete den Verschluss meiner Halskette, legte sie auf meinen Schoß und zog mir den Ehering vom Finger. Das erste Stück musste ich ziemlich an ihm zerren, doch dann rutschte er mühelos über das Gelenk bis zur Spitze meines Fingers mit der gleichen Leichtigkeit, mit der unsere Kinder sonst die rote Plastikrutsche im Garten hinuntersausten. Sorgfältig fädelte ich den Ring auf die Kette. Wie ein Erhängter baumelte er neben dem kleinen goldenen Kreuz von meiner Handfläche herab. Für die nächsten Monate würde er im Etui meiner Sonnenbrille auf das Ende meines Vertrages warten müssen.

Wieder rüttelte das Flugzeug mehrere Male. Irgendwo weiter vorn schrie ein Kind ängstlich auf. Ich steckte das Etui in die Brusttasche meines Polohemdes. Dann setzten wir mit einem einzigen Ruck auf die Landebahn auf.

Als ich im Flughafenterminal am Gepäckband ankam,

hatte sich bereits eine Traube von Passagieren gebildet. Obwohl sich das Band noch nicht bewegte, fixierten die Fluggäste das Ausgabeloch wie ein Fuchs den Kaninchenbau. Mittlerweile kannte ich sie, die Urlauber dieser Welt. Jeder Moment ihres Feriendaseins barg das Potential zur Erholung, deshalb durfte keiner verschwendet werden, schon gar nicht mit unnötigen Dingen wie Warten oder Schlange stehen. Vielleicht würde ich einige der Fluggäste sogar auf dem Schiff wiedertreffen, wo sie mich mit der gleichen Intensität hinter der Bar anstarrten, wie jetzt das sich in Gang setzende Gepäckband.

Ich stellte mich neben die Traube und beobachtete, wie sich einzelne Koffer nach und nach durch den schwarzen Lammelenvorhang drängten. Fast alle hatten die gleichen Ausmaße. Wahrscheinlich hatte jeder die zwanzig Kilo Gewichtsgrenze bis auf das letzte Gramm ausgenutzt, auch noch das fünfte Reserve-T-Shirt eingepackt, ohne dabei an die Männer zu denken, die in gebückter Körperhaltung mit schweißtropfenden Gesichtern unsere Taschen im Flugzeug-Laderaum gestapelt hatten.

Immerhin hatte ich nicht nur für vierzehn Tage gepackt. Ein Gepäckstück für sechs Monate. Mehr war nicht erlaubt. Mehr brauchte ich nicht. Die meiste Zeit würde ich Arbeitskleidung tragen. Jeden Morgen ein weißes T-Shirt und Shorts, abends ein schwarzes Hemd mit Hose und Gürtel. Am zweiten Reisetag ein kariertes Hemd, am vierten ein geblümtes. Schwarz, kariert, schwarz, geblümt, schwarz – der Rhythmus einer Woche. Das Schiffsleben besaß keine Wochentage, es hatte Destinationen und Mottoparties: 90er Jahre Dancefloor,

Beachparty auf dem Pooldeck mit Pina Colada und Bananenshake, Alpenfest mit Weißbier. Die Urlauber kamen und gingen, doch unsere Welt, dieser Rhythmus, blieb.

Endlich presste sich meine große blaue Tasche durch den Vorhang. Ich hievte sie vom Band und zwängte mich hinaus zum Ankunftsterminal. Hinter einer Schiebetür warteten mehrere Menschen auf die Ankömmlinge. Zwischen ihnen suchte ich nach einem Schild, das meinen Namen trug. Nie hätte ich mir früher erträumen lassen, dass mich mal ein Fahrer zur Arbeit kutschieren würde, doch die Kreuzfahrtgesellschaft tat das für alle ihre Angestellten. Am hinteren Ende der Wartenden entdeckte ich einen älteren Mann. In seinen Händen hielt er ein weißes Schild mit meinem Namen: Joseph Kaputh. Es hatte begonnen.

Eheringe sind die blinden Passagiere der Kreuzfahrtgesellschaften. Nie gesehen, doch fast immer vorhanden.

Maya: Übler Seegang

Alarmiert riss ich die Augen auf. Im Bauch des Schiffes hatte es heftig gerumst. Ein ohrenbetäubendes Krachen. Gedanken von Eisbergen und Leonardo DiCaprio, der sich an eine Holztür klammert, blitzten durch mein Gedächtnis. Ich lag im Bett, die Rettungsweste befand sich genau unter mir. Verunsichert starrte ich in das Dunkel meiner fensterlosen Kabine und wartete auf das Notfallsignal.

Währenddessen schaukelte das Schiff von links nach rechts. Der Vorderteil erhob sich, preschte über eine Welle und senkte sich wieder ab, um sogleich das Hinterteil in die Höhe zu strecken. Das laute Rauschen und Gluckern machte mir zum ersten Mal bewusst, dass ich mich tatsächlich unterhalb des Meeresspiegels befand. Langsam kam ich zur Besinnung. Trotz meiner bescheidenen geografischen Kenntnisse wurde selbst mir klar, dass es im Mittelmeer eher unrealistisch gewesen wäre, auf einen Eisberg zu laufen. Somit blieb auch die Notfallsirene aus. Trotzdem hörte ich etwas Ungewöhnliches neben mir, ein leises Klimpern. Ich zog den Vorhang meines Bettes beiseite und schaltete das Licht an. Auf dem Schreibtisch kullerte ein Bleistift im Takt der Wellen von einer Seite zur anderen. Benommen beobachtete ich den Tanz des Stiftes.

Das konstante Schaukeln irritierte mein Körpergefühl. An der Stelle, an der mein Gehirn üblicherweise mehr oder weniger beeindruckende kombinatorische Denkleistungen vollführte, befand sich nur noch Watte. Zarte, flauschige Watte aus verknoteten Gehirnwindungen, die das Voranschreiten von Gedanken pufferte und alles dumpf erscheinen ließ. Dennoch fühlte sich mein Körper alles andere als leicht an. Schwer wie eine Bleikugel lastete mein Kopf auf meinem Nacken. Der Kontrast aus federleichtem Inhalt und tonnenschwerer Hülle erzeugte ein pochendes Kopfschmerzgefühl, das sich später als typisches Symptom bei erhöhtem Seegang herausstellen würde.

In die hypnotische Beobachtung des kullernden Stiftes mischte sich ein unbeliebter Störenfried: Mein Wecker. Selten hatte ich sein Geräusch so verachtet. Jedes Piepen war ein mentaler Schubs aus dem Bett. *Steh auf. Steh auf. Steh auf.* – schrie er wie das tobende Publikum einer Boxveranstaltung. Träge zog ich mich an der Stufenleiter auf die Beine.

Das obere Bett war wie immer leer. Ich hatte Jessica, meine Mitbewohnerin, bisher nur einmal gesehen. Ihr Freund hatte als Manager der Elektrotechnischen Abteilung eine große Offizierskabine mit Meerblick. Dafür hatte ich unsere kleine Kabine für mich.

Ich hielt mich an ihrem Bett fest und plante die nächsten Schritte, deren methodische Aneinanderreihung mich hoffentlich zu meinem eigenen Arbeitsplatz in die Galerie führen würden. Es war ein wichtiger Tag, der Tag meiner ersten Kunstauktion und mein Magen schaukelte im Takt des Schiffes wie das Pendel einer Standuhr. Eigentlich mochte ich nicht an Essen denken, doch Valerie, meine Chefin, hatte mir mehrmals geraten, meinem Verdauungstrakt bei Seegang eine Aufgabe zu geben.

Blasse Gesichter saßen vereinzelt in der Kantine über

ihren Frühstückstabletts, nicht einmal die Hälfte der Tische war besetzt. Wie immer gesellte ich mich in die sogenannte deutsche Ecke.

Obwohl die verschiedensten Nationen auf dem Schiff zusammenarbeiteten, herrschte in der Kantine eine inoffizielle Sitzordnung: In der einen Ecke die in blau gekleideten Techniker, die meist aus Rumänien oder Kroatien stammten, das Housekeeping in gelber Arbeitskleidung aus den Philippinen oder Indonesien in der Mitte, Köche in Weiß, Barkeeper in Schwarz, das Showensemble und die Musiker in ihrer Privatkleidung. Da fast alle gemeinsam mit ihren Kollegen zum Essen gingen, glich die Sitzverteilung einer schiffsinternen Landkarte, bei der die Farben der einzelnen Nationen durch die Farbe der Arbeitsuniform bestimmt wurde. In der deutschen Ecke saßen alle, die besonders viel Kontakt mit den Gästen hatten: Reiseführer, Rezeptionisten, Shopmitarbeiter und viele andere. An diesem Morgen waren jedoch nur Silvie, die Friseurin aus dem Spa-Bereich und Maik, der Fitnesstrainer, vertreten.

„Boa, mir ist schlecht", jammerte Silvie als ich mich setzte. Theatralisch schmiss sie ihren Löffel auf das Tablett und sackte gegen die Stuhllehne. Ihr wasserstoffblonder Pferdeschwanz baumelte im Rhythmus der Wellen. „Wart ihr schon oben?", fragte Maik daraufhin. Ich schüttelte mit dem Kopf, während Silvie sich über den flachen Bauch strich.

„Hier unten geht's noch halbwegs", Maik kratzte sich mit der Hand an einem von zwei Brustmuskeln, die sein schwarzes T-Shirt in Spannung hielten. „Aber wartet bis ihr oben seid: Die reinste Achterbahnfahrt! Wir haben

eben die Laufbänder gesperrt und alle Kurse abgesagt."
Zögerlich knabberte ich an einem Toast.
„Heute früh hat sich schon eine beim Yoga übergeben", fuhr Maik fort, „Direkt von der Kerze zum Kotzen. Natürlich schön auf unsere Matte." Er zog eine angewiderte Grimasse. „Schon als ich letzte Nacht gesehen habe, dass das Housekeeping Kotztüten in die Passagiertreppenhäuser hängt, war mir klar, dass heute kein guter Tag wird."
Plötzlich sprang Silvie auf. Ihre blasse Gesichtsfarbe hatte einen grünlichen Schimmer angenommen. Hektisch drehte sie sich um und rannte ohne ein weiteres Wort aus der Kantine heraus.
„Und die nächste", kommentierte Maik gelassen.
Ich spülte einen Eierbrocken mit einem großen Schluck Tee herunter und strich mir nun selbst über den Bauch. Dann krachte es nebenan in der Küche. Ein hoher Tonfall, Metall auf Metall, gefolgt von männlichem Geschrei. Zwei Parteien brüllten sich in einer mir unverständlichen Sprache gegenseitig an. Das immense Krachen vom Morgen kam mir in den Sinn.
„Hast du das vorhin gehört? Klang fast, als wären wir auf Grund gelaufen."
„Ach, heute rumpelts doch überall. Wenn hier irgendwas auf Grund läuft, dann unser Mittagessen." Maiks Kinn deutete zur Küche. „Einige sind einfach zu blöd, ne Schnalle zu befestigen. Dabei ist das doch gar nicht so schwer."

Da hatte er einen Nerv getroffen: Hatte ich alle Kunstwerke sicher verstaut? Sämtliche Seile und Netze gut befestigt? Kalter Schweiß presste sich auf meine Stirn. Nicht auszudenken, wenn der Bronzeakt, den ich am Vorabend ins Lager geräumt hatte, sich gerade wie eine weibliche Kanonenkugel ungehindert in die Leinwände schleuderte.

Prompt verabschiedete ich mich und eierte in Schlangenlinien aus der Kantine hinaus, hin zum Fahrstuhl. Ein weiterer meiner unzähligen Anfängerfehler! Denn nicht ohne Grund nahm bei Seegang, wer konnte, die Treppe. Das heftige Schwanken des Schiffes brachte auch den Fahrstuhl in seiner Aufhängung zum Schaukeln. Mit verschwitzten Händen klammerte ich mich an die silbernen Haltestangen und schluckte mehrmals eine größere Menge Speichel herunter. Der Tee, den ich eben getrunken hatte, schwappte deutlich in meinem Magen. Das letzte Mal als ich mich so in einem Fahrstuhl gefühlt hatte, war ich sechs Jahre alt. Ich hatte meine Mutter überredet, auf dem Jahrmarkt mit mir ins Horrorhaus zu gehen, in dem es unter anderem den Aufzug zur Hölle gab. Ein rüttelnder Metallkasten, dessen Wände auf jeder Etage klaustrophobisch näherkamen, während sich die Temperatur unermesslich steigerte. Lieber auf einer Holztür im offenen Meer als gefangen in einer Rüttelbox, dachte ich schließlich, als sich die Türen endlich auf Deck zehn öffneten und ich wie ein schmelzender Eiswürfel aus dem Cocktailshaker glitt.

Schwindelig lehnte ich mich an die erstbeste Wand. Und sofort wurde mir klar: Maik hatte Recht gehabt. Der Schwankradius war hier oben wesentlich größer als im unteren Crewbereich. Wurde ich in die eine Richtung regelrecht gegen die Wand gedrückt, musste ich mich beim Schwanken in die Gegenrichtung gegen den Boden stemmen, um nicht nach vorn zu fallen.

„Da bist du ja", rief Valerie fröhlich. Türkis fließendes

Seidenkleid, roter Nagellack. Das Klacken ihrer roten Riemchenschuhe hallte auf dem Stahlboden, während sie ein Rednerpult den Gang entlang in meine Richtung schob. Wie sie selbst unter diesen Umständen High Heels tragen konnte, war mir ein absolutes Rätsel.
„Bereit für unsere erste gemeinsame Auktion?" Euphorisch nahm sie einen hölzernen Hammer vom Pult und hielt ihn in die Höhe. Die nächste Welle irritierte jedoch auch ihr Gleichgewicht, sodass sie sich auf der Stelle stöckelnd mit beiden Händen an das dunkle Holzpult stützte.
„Was für ein Seegang heute. Hoffentlich kommt überhaupt jemand. Die meisten liegen bestimmt reihernd in ihren Kabinen." Ihre eisvogelblauen Augen musterten mich. „Ach Gottchen, ist dir etwa auch schlecht?"
Ich zuckte mit den Schultern.
„Geht so." Auf garkeinen Fall wollte ich mir die Blöße geben, eine unerfahrene Landratte zu sein. Ganz besonders nicht vor ihr, der Tochter eines nordfriesischen Fischers, die ihr halbes Leben auf dem Wasser verbracht hatte.
„Ist das nicht wunderbar?" Sie war vor dem großen Galeriefenster stehen geblieben. Funkelnd türkises Wasser türmte sich um uns herum zu riesigen Wellenkämmen. Fasziniert beobachtete ich das tosende Schauspiel. Es war mein erster Blick nach draußen an diesem Tag und erst jetzt, unter diesem optischen Eindruck, begriff mein Verstand, dass das Schaukeln und meine räumliche Desorientierung nicht durch eine mysteriöse Aufhebung der physikalischen Naturgesetze, sondern tatsächlich durch das Auf und Ab des Wassers hervorgerufen wurden.

Und dann kam mir wieder der Bronzeakt in den Sinn. Unter welchem Vorwand würde ich mich ins Lager schleichen können? Sämtliche Kunstwerke für die Auktion hingen bereits in der Galerie. Als hätte Valerie meine Gedanken gelesen, sagte sie genau in diesem Augenblick: „Ich bin übrigens eben durch die Lager gegangen." Sie öffnete den Dokumentenschrank und blätterte in einer Mappe. Mein Magen verkrampfte sich zu einem schmerzenden Bündel. Was hatte sie im Lager gesehen? Würde ich wieder von Bord geschmissen, noch bevor ich meinen Job richtig angetreten hatte? Anstelle einer Schadensmeldung fischte sie die Auktionsliste aus der Mappe und legte sie auf das Rednerpult. Als sie mir ins Gesicht blickte, kicherte sie wissend.

„Keine Sorge. Sitzt alles bombenfest im Lager, gut gemacht!" Sie nickte mir zu und schob das Auktionspult weiter zum Theatersaal. Erleichtert atmete ich auf. Jetzt musste ich nur noch meine erste Auktion meistern. Auf wankendem Boden teure Leinwandarbeiten präsentieren, dabei immer schön lächeln und vor allem: nicht auf die Bühne kotzen. Ich schluckte erneut.

Doch in der Tat verlief die erste Hälfte der Versteigerung reibungslos. Valerie stand in der Mitte der Bühne am Rednerpult, neben ihr auf einer Staffelei befand sich das jeweils zu versteigernde Kunstwerk. Angestrengt folgte ich ihren Ausführungen zu den Arbeiten: Beeinflusst vom japanischen Holzschnitt, Tiefdruckverfahren auf handgeschöpftem Büttenpapier, mit Acrylglas versiegelt. Zum Ersten, zum Zweiten, zum Dritten. Nach jedem Abschlag schaltete ich die digitale Präsentation auf der großen Bühnenleinwand zum nächsten Kunstwerk um und tauschte das Original auf der Staffelei neben Valerie aus. Dazwischen beschränkte sich meine Aktion auf sinnloses Herumstehen am äußeren Bühnenrand. Diese Aufgabe, das bloße Dastehen, das ich unter anderen Umständen überhaupt nicht als Aufgabe bezeichnet hätte, bereitete mir die größte Herausforderung. Denn durch das starke Schaukeln erschien mir die Erdanziehungskraft mindestens drei Mal so stark wie normalerweise zu sein. Nicht Blut, sondern Beton drückte in meinen Adern und zog mich mit seinem Gewicht nach unten. Am liebsten hätte ich mich direkt auf den Bühnenboden gelegt.

Um mich abzulenken, betrachtete ich die einzelnen Zuschauer. Ganz nach Valeries Prognose waren nicht viele zur Vormittagsauktion erschienen. Ungefähr 30 Personen saßen vereinzelt auf den drei Rängen, die bei den Bühnenshows weit über eintausend Passagiere fassen konnten. Ein Zuschaueraufkommen, das ich bei einer Kunstauktion allerdings nie erlebt habe, selbst an einem Regentag kamen maximal ein paar Hundert Leute.

Anders als bei Auktionen an Land hatte sich kaum einer der Gäste besonders schick gekleidet. Trotzdem hätten sie unterschiedlicher nicht aussehen können. Zwei Frauen, eine mit wasserstoffblond, die andere mit feuerrot gefärbten Haaren in Blusen aus Leinenstoff. Ein Vater und sein kleiner Sohn in verwaschenen T-Shirts und olivfarbenen kurzen Hosen mit aufgenähten Seitentaschen, in denen ich unter anderen Umständen Schweizer Taschenmesser, Senkbleie und Ersatzköder vermutet hätte. Im kompletten Kontrast dazu saß neben ihnen ein älterer Herr mit Samtjackett und Einstecktuch. Zumindest dachte ich, dass das der größtmögliche Kontrast sein müsste, bis kurz vor Ende der Auktion ein Pärchen in Bademänteln auf dem obersten Rang auftauchte. Gelassen schlenderten sie zur Mitte der ersten Reihe, als wären sie im Ruheraum ihrer Lieblingstherme. Und dann spürte ich links von ihnen dieses Augenpaar, das mich ansah.

Sämtliche Zuschauer hatten ihre Blicke entweder auf Valerie oder die Kunst gerichtet, doch eine einzelne junge Frau beobachtete mich. Sie stand an der linken Seite des obersten Ranges. Wie ich trug sie eine Seabird Uniform. Zierlicher Körper, kurzes blondes Strubbelhaar, rundes Gesicht. Ihr Blick tastete auf mir wie kühle Finger an einem Sommertag. Ein prickelndes Gefühl. Dezent nickte ich ihr zu. Sie lächelte mich an, drehte sich aber kurz darauf um und verließ mit geschmeidigen Bewegungen über die Treppe den Theatersaal. Kurz starrte ich der Erinnerung ihrer Bewegung hinterher. In welcher Abteilung sie wohl arbeitete?

Der Typ im Bademantel fläzte mittlerweile wie ein fetter Caesar in der Kaiserloge des Kolosseums breitbeinig neben seiner cocktailschlürfenden Frau. Genugtuung in Frottee gehüllt. Und dann plötzlich sah ich es durch die gläserne Balustrade baumeln. In voller Pracht und voller Länge, unverkennbar zwischen den Schenkeln des Mannes.

Meine erste Auktion und fast wäre alles glatt gelaufen, doch jetzt starrte ich hypnotisiert – wie einige Stunden zuvor den tanzenden Bleistift – das baumelnde Glied dieses Mannes an: Mein erster Auktionspenis.

„Und wenn wir dann bitte zum nächsten Kunstwerk kommen könnten." Valeris Stimme zischte von weit her in meine Trance. Sie hatte sich zu mir umgedreht, ihre zusammengekniffenen Augen fixierten mich. Erschrocken fummelte ich an der Fernbedienung des Beamers und bemerkte erst viel zu spät, dass ich sie verkehrt herum hielt. Aus Versehen hatte ich zwei Bilder zurück, anstatt eines nach vorn geschaltet. Als ich meinen Fehler in aller Hektik korrigieren wollte, drückte ich abermals eine falsche Taste. Daraufhin schloss sich die komplette Präsentation und der Desktophintergrund des Galerielaptops erschien auf der Theaterleinwand.

„Ich bitte die Unannehmlichkeiten zu entschuldigen. Vielleicht leidet heute sogar die Technik unter Seekrankheit", säuselte Valerie in ihr Mikrofon, was die Zuschauer mit einem leisen Kichern honorierten. Mit heißem Kopf stürzte ich zum Computer am vorderen Bühnenrand und sorgte für Ordnung in meiner Assistentenmisere. Als ich mich anschließend schweißgebadet wieder auf meinem Stehplatz einfand, war das Bademantelpärchen verschwunden. Alles was blieb, war eine große Lücke, wo vorher der Penis hing.

Bademäntel gehören in den Spa- und Poolbereich und auch nur in den Spa- und Poolbereich.

Joseph: Zuhause

Ich bin nie besonders stolz auf meine Heimat gewesen. Rumänien, das Zentrum der bemitleidenswerten Hälfte Europas, nichts als Zigeuner, Blechhütten, klapprige Autos und grüne Berge. In Griechenland und Italien lag alle drei Meter ein kulturhistorischer Meilenstein, Spanien und Frankreich warben mit Stieren und Wein. Und Deutschland, Deutschland hatte einfach alles im Überfluss, ein kleines Land, das die halbe Welt regierte. Alles was wir in meinem Dorf im Überfluss hatten, waren Hunde. Kleine und große, behindert, verstümmelt, unterernährt und manchmal aggressiv, angekettet oder freilaufend auf der einen Straße, die quer durch die Landschaft bis nach Ungarn führte. Hin und wieder drängten sich an ihr einzelne Häuser wie die aufgefädelten Stücke eines übergroßen Schaschlik-Spießes. Ich bin in einem Abschnitt mit genau 27 Häusern aufgewachsen. Eines davon gehörte meinem Vater. Es war ein alter Stall, den er zu einer Werkstatt umgebaut hatte, die gleichzeitig unser Wohnzimmer war und als Anbau drei Schlafzimmer sowie Bad und Küche beherbergte. Jeden Nachmittag saß ich vor der Werkstatt, baute Männchen aus alten Metallstücken und warf mit rostigen Schrauben nach den Hunden auf der Straße, die jaulend davonrannten und doch immer wieder kamen, während mein älterer Bruder stundenlang mit seinem Auto in der Gegend rumfuhr, als suche er einen Ausweg aus unserem Leben.

Bis zu meinem achten Lebensjahr war das alles, was ich kannte. 27 Häuser, die Werkstatt, mein Bruder, der ständig weg war und das Zigeunerlager, das sich neben unserem Dorf in die Landschaft gedrängt hatte. Dort lebten sie in Blechhütten und unter Plastikplanen, trugen bunte, löchrige Klamotten – abends wanderten ihre Lieder zu uns ins Dorf, tagsüber kamen sie und bettelten nach Arbeit und Essen, von dem wir in unserer Familie immer reichlich hatten. Im Vergleich zu ihnen hatte ich mich ziemlich privilegiert gefühlt, bis mein Vater für die Werkstatt einen Fernseher kaufte. Tagsüber tanzten ununterbrochen die aktuell populären Sänger in Musikvideos über die Mattscheibe, doch abends, wenn es dunkel wurde und mein Bruder von seinen Streifzügen zurückkehrte, schauten wir gemeinsam englische Serien mit rumänischen Untertiteln. Und obwohl ich noch nicht richtig lesen konnte, begriff ich, dass meine Umgebung im Vergleich zu den westlichen Luxuswelten in unserem Fernseher ziemlich armselig bestückt und gar nicht so sehr anders als die der Zigeuner war.

Im gleichen Jahr startete der Englischunterricht an meiner Schule. Nur wer Englisch spricht, prophezeite unsere Lehrerin, wird etwas in dieser Welt. *English is your foundation for the future.* Auch meine Mutter konnte Englisch, weshalb sie schon seit Jahren nicht mehr bei uns lebte. Auf der Suche nach einem Job hatte sie drei Länder durchquert, bis sie zwischen römisch-antiken Stolpersteinen in einem Hotel eine Anstellung als Zimmermädchen fand. Ich sah sie nur an Weihnachten und manchmal zu Ostern und irgendwann gar nicht mehr. Somit bot mir mein Lebensweg im Schaschlikspieß ungefähr so viel Perspektive wie den zwanzig Hunden vor unserem Haus, die sich um die wenigen freien Plätze zum Kacken stritten.

Joseph: Zuhause

Als ich zwölf war und meine Mutter seit mindestens drei Jahren nicht mehr gesehen hatte, zog Dina bei uns ein. Sie war 20 Jahre jünger als mein Vater und arbeitete im Friseursalon ein ganzes Stück die Straße runter. Sie war nett, kochte mehrmals pro Woche frittiertes Huhn mit *Mămăligă*, eine typisch rumänische Maispolenta und schrie einmal am Tag beim Sex durchs ganze Haus. *Un om nu are nevoie de mult, dar are nevoie de o femeie ca Dina a mea.* „Ein Mann braucht nicht viel, aber er braucht eine Frau wie meine Dina", erklärte unser Vater oft, kniff der jauchzenden Dina in den prallen Po und stopfte sich ein Stück fettiges Huhn in den Mund. Den Rest bekamen anschließend die Hunde, die nach einer Weile genauso auseinandergingen wie mein Vater.

Mein Bruder nahm diesen Ratschlag ziemlich ernst und war schließlich auch der Meinung, gerade Dina an seiner Seite zu benötigen. Monatelang schrie sie zweimal pro Tag durchs Haus, bis unser Vater davon mitbekam, die beiden rauswarf und Dina durch Geta aus der Fleischerei ersetzte.

Ich war damals vierzehn und hoffte auf eine Karriere beim Militär: Aus Hubschraubern springen, durch den Dschungel robben, Hauptsache weg. Stundenlang phantasierte ich davon, wie ich an der Seite von Mister-T Opfern des Gesetzes zur Freiheit verhalf oder zusammen mit Hawkeye im Feldlager von MASH allerhand Blödsinn anstellte und in jedem Fall als Nationalheld zurückkehren würde. Manchmal dachte ich dann auch an Nataşa. Wie sie mich, den vermissten Heimkehrer, überschwänglich umarmte und unter leidenschaftlichen Küssen sofort ins Schlafzimmer zog.

Nataşa war das schönste Mädchen in unserer Klasse und das erste mit richtigen Brüsten. Im Unterricht verfing sich mein Blick jeden Tag aufs Neue in ihren Haaren, die über ihre Schultern flossen wie dunkle Schokolade. Damals träumte sie von einer Schauspielkarriere und ich hätte ihr jede Hauptrolle gegeben. Doch zur gleichen Zeit, in der sich bei den Mädchen die T-Shirts wölbten, entschloss sich auch mein Gesicht kleine Beulen anzusetzen, die bis ich ungefähr 20 war, wie kleine Sirenen jede Frau auf Abstand hielten. Was aber kaum eine Rolle spielte, da wir beim Militär, dem ich gleich nach der Schule beitrat, ausschließlich Männer waren.

Nataşa hatte ich zufällig auf einer Party in Bukarest wiedergetroffen. In die weichen Züge ihres Gesichtes hatte sich eine herbe Strenge geschlichen. Trotzdem hatte ich sie sofort erkannt, während sie überhaupt nicht wusste, wer ich war, bis unser ehemaliger Mitschüler ein altes Klassenfoto hervorkramte. Ich pummelig mit Pickeln und Oberlippenpflaum, sie klein mit Busen, der immer noch größer war als meine Hände erfassen konnten.

Aus heutiger Perspektive ist es kaum überraschend, dass ich sie schon in unseren ersten Nächten schwängerte. Mein damaliges Wissen über Geschlechtsverkehr beschränkte sich auf nächtliche Softpornofilme und zwei Stripperinnen, die sich an der Basis von einem Offizier auf der Bühne haben befriedigen lassen, während wir Kameraden johlend danebenstanden. Natürlich wollte sie heiraten, wollte, dass ich aus dem Militär austrete, wollte, dass ich für die Familie da bin. Familie, diese genetisch konstruierte Zusammengehörigkeit, in der sich das Individuum zum Wohle des Ganzen aufzulösen hat. Als guter

Soldat war ich es gewohnt, Anweisungen zu befolgen, was Nataşas Vorstellungen von einem guten Ehemann absolut zugutekam.

Mein Bruder hatte unterdessen Dina geheiratet, drei Kinder mit ihr in die Welt gebracht und nach dem Herzinfarkt unseres Vaters die Werkstatt übernommen. Somit enden seine Ausflüge noch immer dort, wo sie seit je her begonnen hatten, während das Schiff mich um den ganzen Erdball fuhr.

Fernsehen holt die Ferne ins Haus, bei Kreuzfahrten ist es genau umgekehrt.

Maya: Karriere Kreuzfahrt

Meine Entscheidung, bei Seabird zu arbeiten, entstand nicht ganz plötzlich. Vielmehr bekam ich die Idee, als ich zehn Jahre zuvor selbst mit meinen Eltern eine Kreuzfahrt gemacht hatte. Sie hatten Ewigkeiten für diese Reise gespart. Während meine Klassenkameraden früher schon die halbe Welt bereisten, bestand Urlaub bei uns normalerweise aus Campen an der Ostsee. Meine Eltern mussten Gehaltsökonomisch denken und hatten sich für ein Haus mit Garten anstatt weiter Reisen entschieden. Aber was brachte es, wenn ich jede Blume im Garten beim Namen kannte, von der weiten Welt aber keine Ahnung hatte?

Meine Mutter hatte seit ihrer Kindheit von einer Schiffsreise geträumt. Ihr Vater, mein Opa, wollte früher Schiffe bauen und um die Welt segeln. Er absolvierte eine Ausbildung zum Tischler und zimmerte ein Ruderboot. Das Gartenhäuschen, wo meine Mutter den Großteil ihrer Kindheit verbrachte, hatte er wie eine Schiffskajüte gebaut, mit Schlafkojen, einem runden Guckloch im Badezimmer, einer Schiffsglocke als Klingel. Ständig erzählte er von den Seefahrtabenteuern, die die Leute in den Büchern erlebten, die er las.

Nach einigen Jahren hatte meine Mutter meinen Vater überzeugen können, dass bei allem Verzicht, eine zweiwöchige Kreuzfahrt durch Norwegen Priorität hätte. Ich hatte mich unglaublich gefreut. Sattes Grün und glasklares Wasser – in Geborgenheit gehalten von Fjorden wie den Fingern der Mutter Erde. Doch zu meiner eigenen Überraschung hatte mein sechzehnjähriges Ich trotz der atemberaubenden Landschaft hauptsächlich Augen für einen noch atemberaubenderen jungen Schiffskoch. Jeden Morgen stand er am Frühstücksbuffet und lächelte mich mit seinen Grübchen von der anderen Seite der Obst- und Käseplatten an. Unter seiner weißen Kochmütze lugte dunkelblondes Haar hervor, strahlend blaue Augen, wann immer ich ihn manchmal mehr, manchmal weniger zufällig traf. Am Mitternachtsbuffet reichte er mir die erste und köstlichste Pflaume im Speckmantel meines Lebens, kurzum: Es war um mich geschehen. Vor lauter

Zwinkern und Lächeln vergaß ich ab dann, mir auch wirklich Essen am Buffet zu holen, sodass ich wahrscheinlich als einziger Gast an Bord auf der Reise fünf Kilo ab- und nicht zunahm. Unsere wirkliche Beziehung, die vom Koch und mir, hatte die überschaubare Länge von einem Abend gehabt, und doch hatte sie vermocht, meine Neugier auf den Kosmos Schifffahrt zu wecken.

Allerdings waren es nicht nur seine Reisegeschichten, sondern auch das Funktionieren des Apparates an sich, das mich faszinierte. Ständig verschwanden uniformierte Personen hinter Türen mit *Crew Only*-Schildern, von denen es reichlich auf dem Schiff gab. Ich fragte mich, was hinter diesen Wänden passierte, wie es dort aussah und wie es sich wohl in dieser Gemeinschaft der Leute, die Zutritt zu dieser geheimen Welt hatten, lebte. Der Koch hatte mir von eigenen Treppenaufgängen erzählt, von Fahrstühlen, Fitnessräumen und sogar einer Bar, die nur für die Besatzung vorgesehen war. Es klang, als gäbe es ein zweites Schiff auf diesem Schiff, das obwohl ich mich doch auf jenem befand, für mich unerreichbar war. Ich wollte dazugehören zum Kreis der Eingeweihten, wollte ebenfalls in Uniform mit meinen Arbeitskollegen, die auch meine Freunde waren, über Deck laufen und abends mit ihnen ein Bier trinken. Alles erschien mir aufregend und abenteuerlich und einfach viel besser als das Berufsleben, von dem meine Eltern berichteten.

Trotzdem studierte ich nicht Nautik, sondern Kulturwissenschaften. Ein Studiengang, mit dem ich mir alles offenhielt, auch international zu arbeiten.
Ich war die erste in meiner Familie mit einem Studienabschluss, weshalb meine Eltern ständig ein *Aus ihr wird mal*

was werden. von meiner Stirn ablasen. Aber trotz ihrer Hoffnungen hatte ich nach meinem Studium monatelang nur Bewerbungsabsagen erhalten, sodass die Worte auf meiner Stirn schließlich in den Tiefen der Grübelfalten untergingen. Die Option auf einem Kreuzfahrtschiff zu arbeiten, schien mir auch gar nicht mehr relevant zu sein. Denn das norwegische Schiff damals war viel kleiner als die Schiffe von Seabird. Ich wollte nicht kellnern oder mich am Pool bei der Aquagymnastik zum Affen machen, beim besten Willen konnte ich mir nicht vorstellen, für welche Position ich geeignet wäre, bis ich zufällig von den Kunstgalerien größerer Kreuzfahrtunternehmen wie Seabird erfuhr. Schon während meines Studiums hatte ich als Aushilfskraft in einer Galerie gearbeitet und tatsächlich: Seabird suchte nach Verstärkung im Kunsthandel.

Mit Seabird die Welt entdecken, warb das Unternehmen seine Mitarbeiter an. Das sprach mir aus der Seele: Ein freier Vogel sein, andere Kulturen erleben, Abenteuer, Regenwald, Wüsten, Eisberge, ich wollte hinaus in die Welt.

Und dann wurde ich tatsächlich ausgewählt: Als Galerieassistentin auf der Seabird Star, der zweitgrößten Klasse der Flotte. Das Schiff bot Platz für zweitausend Passagiere und gut achthundert Mann Besatzung.

Besonders mein Großvater platzte vor Stolz, als wäre mit meiner Anstellung eine Familienprophezeiung wahr geworden. Doch kurz vor meinem Aufstieg befiel mich diese Ahnung, dass das Leben auf einem Kreuzfahrtschiff nicht so fabelhaft werden würde, wie ich mir das zehn Jahre zuvor ausgemalt hatte. Erst als ich tatsächlich den Arbeitsvertrag unterschrieben hatte, erreichten mich plötzlich diese ganzen negativen Informationen von Feinstaubbelastung auf Pooldecks, der eigenen Insel, die Seabird in der Karibik baute, um die Touristen ausschließlich dort abzuladen und das Bewusstsein, dass Kreuzfahrten auch Partyleben zu Lasten der Natur waren, von Menschen, von denen einige wegfuhren, um auf dem Meer mit Maaß und Lederhose um ein aufgespießtes Schwein zu tanzen. Doch da hatte ich den Vertrag schon abgeschickt – und ehrlich gesagt, wusste ich auch nicht, was ich stattdessen hätte tun sollen. Aber was auch immer meine Vorahnungen waren, niemals hätte ich gedacht, dass ich mich in dieser Welt aus Polyestershirts und Poolparties, die zehn Jahre zuvor mit einer kleinen Romanze mit einem Koch begonnen hatte, ausgerechnet in eine Frau verlieben würde.

Trügerische Uniformen: sehen schön aus, aber man schwitzt in ihnen wie eine Banane in einer Tupperdose an einem heißen Sommertag.

Joseph: Lava Lounge

Oranges Leuchten an den Wänden. Eine wallnussgroße Blase schob sich langsam durch die zähe Flüssigkeit nach oben. Beck saß neben mir auf einem Stuhl, dem einzigen in unserer Zwei-Personen-Kabine, ich hockte nach vorne gelehnt auf meiner Bettkante, mein Kinn auf eine Handfläche gestützt. Ich kannte Beck von meinem Vertrag in der Karibik, doch bisher hatten wir noch nicht zusammengewohnt. Eine freudige Überraschung.

Bekannte Gesichter anzutreffen machte den einzigen Unterschied zwischen nach Hause kommen und Wegsein. Diesmal lief das Ankommen ganz gut. Einer der Philippinos am Sicherheitsgate, Mito oder Mino oder Mel oder so, hatte mich schon von weitem erkannt. „Joseph, welcome back!" Er hatte mich überschwänglich umarmt und mit seinem Smartphone ein Foto von uns gemacht, als wären wir alte Schulfreunde, die sich nach Jahren wiedersehen. Sicher befand es sich jetzt irgendwo auf Facebook mit dem Titel *"Met an old friend today"*, während ich nicht einmal seinen Namen kannte.

Mit Beck war das jedoch etwas anderes. Auch er war Barkeeper an Bord. Allerdings war er, soweit ich mich erinnerte, furchtbar in seinem Job. Falsche Mixverhältnisse – zu viel oder zu wenig Alkohol, wässrige Daiquiries, ständig Beschwerden der Gäste, kaum Trinkgeld. Doch Spaß konnte man mit ihm haben, das stand außer Frage. Er war ein lässiger Typ, offen und humorvoll, wenn auch etwas verschroben. Zum Beispiel wenn er in seiner Freizeit, obwohl er aus Großbritannien und nicht aus Texas stammte, einen Cowboyhut trug und vor seiner Brust Talismane baumelten wie bei einem indianischen Stammeshäuptling. Da war die Taschenuhr seines Urgroßvaters, ein großer Backenzahn – angeblich von seiner Mutter – ein lila Stein mit einem Loch in der Mitte, mehrere alte Münzen und weiterer Blechkram. Manchmal klapperte Becks Halsbehang so laut, dass man schon vorher wusste, wer gleich den Raum betrat. Sein großes Interesse an spirituellem Geisterzeugs und seine schlechten Cocktails ließen ihn allerdings nicht gerade zu einem Glückspilz bei Frauen werden. Vielleicht hatte er sich auch deshalb so gefreut, dass ausgerechnet ich diesmal sein Kabinenmitbewohner war.

„Was denkst du?", fragte er mich aufgekratzt. Noch immer starrte ich hypnotisiert auf das orange Leuchten auf dem Regal über unserem Schreibtisch. Beck hatte einem der rumänischen Elektriker eine Lavalampe abgekauft. Der hatte sie vor Monaten an Bord geschmuggelt und konnte sie nun nicht im Fluggepäck mit nach Hause nehmen.

„Ist die nicht großartig? Ich wette die Ladies werden sie lieben!" Seine Halbglatze strahlte mir im Schein der Lampe orange entgegen. Zugegeben die fünf Elektroteelichter, die ich mit an Bord gebracht hatte, konnten da nicht mithalten, diese Lampe war ein wahrer Glücksgriff. Ich nickte zustimmend und begann, meine Tasche auszupacken.

Oben auf lag der Duftspender namens Passionsfrucht. Ich zog die Sicherheitskappe von dem kleinen Fläschchen und stellte es neben die Lampe. Beck schielte auf das Etikett und prustete los:

„Passion, all right. Davon können wir nicht genug haben!" Euphorisch klopfte er mir auf die Schulter, als wäre der Lufterfrischer eine Pheromonsprühende Verführungsmaschine, unter deren Einwirkung sämtliche Frauen allein schon durch ihren Geruchssinn den Weg in unsere Kabine fänden. In Wahrheit hatte mir meine Schwiegermutter das Ding geschenkt, nachdem ich über den unerträglichen Schweißfüßegeruch in der Kabine meines letzten Vertrages geklagt hatte.

„Hier Joseph, damit es nicht wieder ganz so schlimm wird", hatte sie kurz vor meiner Abreise gesagt und mir zwei mit roten Schleifen bestückte Duftspender gegeben.

In den Augen meiner Familie war meine Arbeit an Bord ein großes Opfer, das ich erbrachte: Weit weg von Nataşa, den Kindern, meinen Freunden an Land. Dafür ein eigenes Haus, eigener Garten, eigenes Auto. Ohne Seabird würde meine Frau noch immer in unserer alten Zweiraum-Mietwohnung ihre täglichen Yogaübungen absolvieren, zwischen den ganzen Topfpflanzen, dem Bügelbrett und dem Kinderspielzeug, das sich damals wie ein kaum durchquerbares Tretminenlager ausgebreitet hatte. Mittlerweile lebte auch meine Schwiegermutter bei uns im Haus. Sie hatte ein kleines Zimmer im Erdgeschoss, half meiner Frau mit den Kindern und sorgte dafür, dass Tretminenfelder gar nicht erst entstanden. Wenn ich nach Hause kam, war sie außerdem mein sprechender Urlaubskalender:

„Ach Joseph, nur noch drei Wochen, nur noch zwei, nur noch eine." Währenddessen konnte ich manchmal kaum erwarten, wieder an Bord zu gehen und insgeheim, glaube ich, empfand sie es genauso. Ihren zweiten Duftspender namens *Meeresbrise* hatte ich jedenfalls zuhause gelassen, denn seien wir ehrlich: Meeresbrise gab es hier genug.

„Keine Fotos?", fragte Beck als ich die leere Tasche unter mein Bett schob. „Nee", ich deutete auf das Smartphone auf unserem Schreibtisch. „Meine Frau schickt mir ständig neue."

Wie fast alles auf dem Schiff bestanden auch die Kabinenwände aus Metall, sodass viele Besatzungsmitglieder, genau wie Beck, mit Magneten Fotos von ihren Verwandten anbrachten. Doch ich brauchte kein Familienalbum an meinen Wänden, mehrmals die Woche erhielt ich Bilder von den Kindern. Andrej beim Spagetti-Essen oder auf dem Töpfchen, Yasmina beim Handstand oder beim Reiten. Ich sollte nichts verpassen, nur weil ich an Bord war.

"Mann, du bist so ein Glückspilz", erwiderte Beck und wandte sich wieder der Lampe zu.

In meiner Tasche hatte sich auch eine Fünfziger Packung Instant Nudeln befunden, für die Nächte, in denen es nach meiner Schicht an der Bar in der Kantine nichts mehr zu essen gab. Ich hob sie von meinem Bett und manövrierte sie wie immer unter den schwarzen Hut meines Zorro-Kostüms ins oberste Fach vom Kleiderschrank, dahinter mein Sonnenbrillenetui, daneben die Socken.

„Weißt du, wie wir sie nennen werden?" Beck grinste mich plötzlich fast schon irrsinnig an. Ich runzelte die Stirn.

„Unsere Kabine man, wir brauchen einen Namen. Irgendetwas einzigartiges, das sich trotzdem leicht merken

Joseph: Lava Lounge

lässt. Wir sind die einzigen mit einer Lavalampe auf dem ganzen Schiff. Das ist Gold wert!"

Ich hielt inne und betrachtete die Lampe. Die orange Masse versammelte sich am Boden zu einem Hügel, der wie von Zauberhand magisch nach oben in die Länge gezogen wurde, während zeitgleich eine kleine Blase nach unten sank, genau auf der Spitze des Hügels landete und das Ganze plötzlich an einen Nippel auf einer anatomisch perfekten Brust erinnerte. Schweigend gingen wir unseren eigenen Gedanken nach, aus der Ferne war leise das Surren der Schiffsmotoren zu hören. Die Brust stieg zu einer dicken Schlange an, die sich auf halber Höhe in viele kleine Blasen teilte. Beck hatte Recht, diese Lampe würde meinem Vertrag eine ungeahnte Einzigartigkeit verleihen.

„Fuck ja, ich habs, ich weiß einen Namen", euphorisches Rasseln in seiner Stimme, „Wie wäre es mit Lava Lounge?" Er stand auf, breitete seine Arme aus, wobei seine Fingerspitzen jeweils sein Bett und die gegenüberliegende Klotür berührten und sagte mit tiefer Stimme, die wohl erotisch wirken sollte: „Welcome to the Lava Lounge Ladies."

Schweißfüße: sind es nicht deine eigenen oder die deines Mitbewohners, dann sind es die deines Vorgängers. Du wirst oft nicht wissen, woher sie kommen, aber sie werden immer da sein.

Maya: Restaurantduty – Folter auf mehreren Ebenen

„Bitte desinfizieren Sie Ihre Hände. – Dann Guten Appetit." Abitur, Abschlussnote: 1,9
„Bitte desinfizieren Sie Ihre Hände. – Mahlzeit, lassen Sie es sich schmecken!" Bachelorabschluss Kulturwissenschaften, Abschlussnote 1,3
„Bitte desinfizieren Sie Ihre Hände."
„Meine Güte, ich war eben duschen, das ist doch nicht auszuhalten."
„Bitte desinfizieren Sie sich trotzdem ihre Hände."
Masterabschluss Kulturwissenschaften, Abschlussnote 1,4

Hochtrabend klingende Seminare wie *Marshall McLuhan – wie Fernsehen unsere Welt verändert*, *Globale Perspektiven des Urheberrechts* oder *Corporate Cultural Responsibility: Gesellschaftliche Verantwortung von Wirtschaftsunternehmen als neue Bildungsinstanz* schenkten mir im Studium den Glauben, anschließend ganz groß rauszukommen: Managementposten, Entscheidungshoheit, der Elite zugehörig sein. Als Galerieassistentin bei Seabird stand ich einmal pro Woche vor einem der Bordrestaurants und erinnerte an das Desinfektionsmittel. Obwohl dessen großflächiger Einsatz den Ausbruch von Epidemien verhindern sollte, empfanden die Restaurantgäste diese Tätigkeit genau so wenig sinnstiftend wie ich. Und fieser weise duftete es aus dem Raum hinter mir immer köstlich verführerisch. Gebratene Zwiebeln und Steak. Mein Magen knurrte jedes Mal, dabei aß ich schon seit Jahren kein

Fleisch mehr. Am Restauranteingang endete einer der Buffettische mit der Dessertauswahl. Verschiedene Eissorten, Torten und Früchte: Mangos, Kiwis, Pfirsiche, Pflaumen, Kumquats, Weintrauben, Avocados und sogar Zuckerrohr. Als Mitarbeiter begegnete man diesen Vitaminbomben nur, wenn man sie sich a) selbst an Land kaufte, b) sie irgendwo vergammelt in einer Ecke rumliegen sah, weil Gäste sie aus dem Restaurant geschmuggelt und dann vergessen hatten oder c) weil man jemanden in der Küche kannte.

„Haben Sie sich verlaufen?"

Irritiert wandte ich mich um. Ein Ehepaar bediente sich am Desinfektionsmittel.

„Sie stehen doch sonst immer dort drüben." Der Mann zeigte den Gang entlang Richtung Galerie.

Jetzt erkannte ich das Paar. Ich hatte ihnen vor einigen Tagen zwei große Drucke verkauft, eines von drei kleinen Geschäften, die in dieser bescheidenen Reisewoche gelaufen waren. Ich mochte die beiden, irgendwie erinnerten sie mich an meine Eltern. Ehrliches Proletariat. Kleidungsstil C&A, H&M, Zara oder irgendeine andere Kette, die durch eingesparte Buchstaben im Namen dem Käufer die Ersparnis im eigenen Geldbeutel suggeriert. Ich erklärte Ihnen, dass gewisse Aufgaben unter der Besatzung aufgeteilt wurden. Passagiere einchecken, Poolhandtücher austeilen, es gab nicht den einen Job bei Seabird, im wöchentlichen Rhythmus tat fast jeder fast alles.

„Wissen Sie, Sie haben es richtig gut. Ich wäre auch gerne monatelang hier. Ständig neue Eindrücke, den ganzen Tag Sonne und Meeresluft, allein das Obst, sowas Süßes bekommt man zuhause nirgends. Und Sie haben das jeden Tag." Ich biss mir auf die Unterlippe. *Niemand möchte im Urlaub über die Arbeitsbedingungen der Angestellten nachdenken* – so stand es im Arbeitsvertrag. Also nickte ich höflich. Erst vor kurzem hatte der Hotelmanager Valerie gegenüber angemerkt, ich wäre zu unfreundlich, weil ich nur *Bitte desinfizieren Sie ihre Hände* und nicht auch *Guten Appetit* sagte oder mich bei den heraustretenden Gästen erkundigte, ob es denn geschmeckt hätte. Eine Frage, die bei den Proportionen mancher wirklich überflüssig war. Auf meinen Einwand, eine seltene, aber dafür aus vollem Interesse gestellte Frage wäre viel mehr wert als gespielte Höflichkeit, entgegnete Valerie mit *That's shiplife*, ein Satz, der sich wie ein hypnotisches Mantra durch mein neues Leben zog.

Daher wünschte ich dem Paar aus dem tiefsten Winkel meines Herzens einen guten Appetit, woraufhin der Mann sich den Bauch kraulte und die beiden erfreut im duftenden Restaurant verschwanden. Gleich darauf schlenderte ein älterer Herr in Shorts und Sandalen in meine Richtung. Ich hoffte, er würde zur Treppe oder den Fahrstühlen abbiegen. Keine Chance. In meinem Inneren kramte ich nach dem größtmöglichen Mitgefühl. Dies war fast immer eine schwierige Situation. Ohne, dass ich ihn darauf aufmerksam machen musste, blieb er stehen und schob seine Hände unter die Düsen des Desinfektionsmittelständers. Auch das noch.

„Wenn Sie hier essen möchten", erklärte ich ihm freundlich, „müssen Sie sich bitte geschlossene Schuhe und eine lange Hose anziehen."

Das vorfreudige Lächeln des Mannes erlosch, nachdenklich strich er sich mit zwei frisch desinfizierten Fingern

über die Schläfe und lachte schließlich auf. Fast hätte ich mitgelacht, aber leider war auch dies eine offizielle Seabird-Regel. Seine Argumente waren mir nicht neu. Sicher saßen drinnen Frauen in Sandalen mit kurzen Kleidern. Ob ich glaubte, dass Männer unhygienischer wären und darum geschlossene Schuhe tragen müssten? Ich hätte gerne sofort *Auf keinen Fall* gerufen, blöderweise kamen mir gerade jetzt die Käsesocken meines letzten Freundes in den Sinn, die nach dem Waschen nur leicht anders als vor dem Waschen rochen. Ein bisschen wie Harzer Käse, der nach einer Woche auf dem Sonnenbeschienen Küchentisch mit Gänseblümchen bestreut wurde. Ich verpasste, zu antworten.

„Oder ist das Ihre Art, ein Matriarchat einzuleiten? Das ist reichlich vorurteilsbelastet von Ihnen und das, wo gerade ihre Generation auf Geschlechtergleichstellung pocht. Da fordern Sie gleiche Gehälter und die Aufnahme in Führungspositionen, wollen aber trotzdem wie eine Dame behandelt werden. Ich muss die Rechnungen zahlen, Türen aufhalten, aber immer aufpassen bei Gesprächen ja nicht zu weit nach unten zu gucken und dafür darf ich jetzt nicht einmal Sandalen tragen, oder was? Das ist eine absolute Unterdrückung des männlichen Geschlechts!".

„Ich habe die Regel nicht gemacht", stammelte ich.

„Wenn Ihnen das nicht passt", ertönte eine raue Frauenstimme hinter mir, ich drehte mich um, es war Lea, Kribbeln in der Magengegend, „Wenn Ihnen das wirklich nicht passt", wiederholte sie und fuhr fort, „dann fahren sie beim nächsten Mal an den Ballermann. Dort essen die Leute in ihren Badesachen, egal ob Mann oder Frau."

Perplex starrte der Mann erst sie und dann mich an, bis er „Eine Frechheit" raunte und kopfschüttelnd davon stapfte.

„Der wird sich bestimmt beschweren", murmelte ich, was Lea lediglich zu einem Schnalzen veranlasste.

„Was machst du hier?", fragte ich verwundert. Sie hob die Kamera aus ihrer rechten Hand nach oben. „Drinnen feiert jemand Geburtstag und hat einen Fotografen bestellt, aber ich bin fertig. Die sind jetzt zu betrunken, solche Bilder will später eh niemand mehr."

Kurzes Schweigen. Sie stand ungefähr eine Unterarmlänge von mir entfernt, was mir schwindelerregend nah und gleichzeitig deprimierend weit weg vorkam. Die Ärmel ihres schwarzen Blazers waren nach oben gekrempelt, sodass sich der glänzende rote Innenstoff zeigte. Um ihren Hals ein dünner roter Schal, der nicht zur offiziellen Uniform gehörte. Zum ersten Mal bemerkte ich die leeren Löchlein am oberen Rand ihres Ohres. Drei Stück. Ein weiteres auf ihrem Nasenflügel. Andenken einer vergangenen Zeit: *Im Loch das Leben*. Seit sie mich vor einigen Tagen nach meinem Titel gefragt hatte, fielen mir ständig Bezeichnungen für alle möglichen Situationen ein, nur für mich selbst hatte ich keine gefunden.

Als ich sie in der deutschen Ecke der Crewkantine wiedergesehen hatte, war mir sofort klar gewesen, dass sie es war, die mich bei der Auktion beobachtete hatte. Ich hatte mich ihr gegenübergesetzt, woraufhin sie das hektische Stochern in ihrer Salatschüssel unterbrach, ihren Blick erhob und mich musterte.

„Warum Kunst?", fragte sie vollkommen aus dem nichts. Um uns herum gemurmelte Gesprächsfetzen, das Klirren

von Besteck auf Geschirr. Ich dachte nach.
„Weil Kunst gesund ist."
Fragend hoben sich ihre Augenbrauen.
„Sie entsteht an den Bruchstellen zwischen Lächerlichkeit und Seriosität, indem sie die snobistische Fassade unserer Hochkultur entlarvt und die schiere Ahnungslosigkeit darunter aufklaffen lässt wie das wässrige Rot einer saftigen Melone." Ich gratulierte mir zu diesem geistigen Erguss mit einem mentalen Schulterklopfen. Lea schmunzelte.
„Auch eine Herbivore?" Ihre Gabel zeigte auf mein Tablett. Ich nickte.

Lea, eigentlich Leandra, war Fotografin im ersten Vertrag und knapp einen Monat vor mir aufgestiegen. Nach der Kunsthochschule hatte sie ein freiwilliges ökologisches Jahr auf einem Biohof absolviert und war anschließend zu Seabird gekommen, nicht nur, um die Welt zu sehen, sondern auch, um sie zu fotografieren. Mittlerweile hätte sie sich gut eingelebt, meinte sie, obwohl auch ihr Anfang schwer gewesen wäre. Ich mochte sie sofort.
„Würdest du noch einen Vertrag hiernach machen?", fragte ich.
„Auf gar keinen Fall." Sie lachte, dann blickte sie auf ihre schwarze Armbanduhr und stürzte den letzten Rest ihres Getränks hinunter. „Ich muss los, Gott bewahre, dass man sich hier mal in Ruhe unterhalten könnte. Sehen wir uns heute Abend bei der Party vom Housekeeping?" Sie stand bereits neben mir.
Ich nickte.
„Hey, wenn du ein Kunstwerk wärst, wie lautete dein Titel?"

„Was meinst du?"

„Ach komm schon, alles hat einen Titel. Probiere es mal aus. Die da drüben zum Beispiel." Mit einer seitlichen Kopfbewegung deutete sie auf die Schauspieler und Tänzer am benachbarten Tisch. „Die Egomanen beim Tee. Ganz klar."

Ich liebte ihre querschießende Art vom ersten Augenblick an. Sogar noch als sie vorm Bordrestaurant diesen Mann in Sandalen anblaffte, obwohl sie mir bereits das Herz gebrochen hatte. Ich hätte stink sauer sein sollen, aber ich freute mich einfach nur, dass sie vor mir stand. Wir schwiegen einen Moment. Lea presste nachdenklich die Lippen zusammen, ihre freie Hand lockerte den roten Schal. „Willst du vielleicht", setzte sie vage zu einer Frage an. Erneutes Kribbeln.

„Na Mädels", rief Georg, einer der Animateure, dazwischen. Grinsend lief er an den Treppen vorbei, „geflirtet wird wohl besser in der Pause." Er schoss einen Kussmund in unsere Richtung.

„Flachwichser", brummte Lea, und „Ich gehe besser." Sie drehte sich um und verschwand im Restaurant durch die erste Crewtür.

Unsere Geschichte war mit zehnfacher Bordgeschwindigkeit durch das gesamte Schiff gereist. Jeder schien mittlerweile zu wissen, was bei der Party des Housekeepings vorgefallen war, ohne dass ich selbst den Ausgang des Abends verstand.

„Würden Sie sich bitte die Hände desinfizieren!" Eine Frau eilte auf den Eingang zu und zischte, mich vollkommen bewusst ignorierend, wortlos an mir vorbei in das Restaurant hinein. Managementposten, Entscheidungs-

hoheit. Am liebsten hätte ich ihr aus voller Kehle hinterhergeschrien oder noch besser, den Desinfektionsmittelständer gepackt, mit mir ins Restaurant bis zu ihrem Tisch geschliffen, ihn genau vor sie positioniert und dann ganz freundlich, so freundlich wie noch nie irgendetwas in der Geschichte der Kreuzfahrten gesagt: *Bitte, desinfizieren Sie sich ihre Hände, damit uns auf diesem verkackten Schiff nicht bald allen die Scheiße die Beine runterläuft.*
Aber natürlich ging das nicht. Zum einen, weil der Desinfektionsmittelständer am Boden verankert war, zum anderen, weil ich dafür bestimmt gefeuert worden wäre und das, wo ich gerade anfing, es hier zu mögen.

Desinfektionsmittel: nervig – nützlich – nicht meckern! Niemand hat Bock auf Diarrhö oder Corona.

Joseph: Prügelei am Pool

Es war ein ruhiger Morgen. Durch die kleinen Schlitze des Rollladens drangen dumpfe Schleifgeräusche von Plastik auf Holz. Die philippinischen Deckhands stellten gerade die Poolliegen auf, zum ersten Mal seit Tagen. Aufgrund des starken Wellengangs der letzten Woche lief nicht viel, kaum Umsatz, kaum Party, die meisten Passagiere hatten ihre Zeit auf den Kabinen verbracht. Ich stand hinter der Bar und wischte über die Saftflaschen, in der Hoffnung, dass heute früh endlich mehr Betrieb wäre. Apfel, Orange, Kirsch, Maracuja, Grapefruit. Die gleiche Reihenfolge, in jeder Bar auf jedem Schiff. Ich drehte mich um und drückte auf den Schalter der Kaffeemaschine, meine Hand fand den Weg ganz automatisch, ich sah nicht einmal hin.

Alle Seabird-Star Schiffe waren baugleich bis hin zum Kaffeeautomaten. Sämtliche Arbeitsschritte hatten sich in mein motorisches Gedächtnis eingeschrieben, manchmal mixten wir zum Spaß die Cocktails mit verbundenen Augen, was selbst mit dem einen oder anderen Schnaps im Blut gut funktionierte. Als nächstes betätigte ich den Schalter des Rollladens. Surrend fuhr er nach oben. Leichter Wind kam mir entgegen, nicht kalt und stark genug, um später ein paar Röcke flattern zu lassen. Mein Lieblingswetter.

Die beiden Phillies im blauen Overall schoben die letzten Liegen zurecht und verschwanden hinter einer weißen Stahltür neben der Handtuchausgabe auf der anderen Seite des Pooldecks. Dort rollte ein brünetter Lockenkopf die blauen Handtücher und stapelte sie zu kleinen Pyramiden auf dem Ausgabetisch. Auf den ersten Blick konnte ich nicht sagen, ob sie mir gefiel oder nicht. Sie hatte eine gute Figur, nichts Aufregendes, aber auch nicht unansehnlich. Doch irgendwie vermittelte sie einen unglücklichen Eindruck, keine Energie in ihren Bewegungen, müde, trübe Augen, das erkannte ich sogar über die Entfernung. Wahrscheinlich war es ihr erster Vertrag, der schockte die meisten. Ich beschloss, ihr einen Kaffee zu bringen, die Maschine hatte eben ihren Spülgang beendet.

Mein Vorhaben wurde jedoch vom ersten Kunden unterbrochen, der unmissverständlich unfreundlich, ohne *Hallo* zu sagen neben mir „Ein Bier bitte" über die Theke bellte. Es war 9 Uhr morgens. Ich drehte mich dem aufgedunsenen Typen zu und fragte, als hätte ich die Antwort nicht selbst erahnen können: „Ein Großes oder ein Kleines?"

„Na nen Großet, ick bin doch schon groß."

Gleichgültig lachend zog ich am Zapfhahn. Seine Wurstfinger reichten mir dir Bordkarte, dann verzog er sich ans andere Ende der Theke, seinen Blick aufs Meer gerichtet.

Langsam wurde es wärmer, das Löckchen auf der anderen Seite zog sich ihre Jacke aus und legte sie unter den Tisch mit den Handtüchern. Wie erwartet: nichts zu groß und nichts zu klein. Sie trug das blaue Seabird T-Shirt, also war sie mit hoher Wahrscheinlichkeit eine Deutsche.

Beck erschien mit einem Karton voller Limetten an der Bar. Der Caipirinha war Cocktail des Tages und wurde zum halben Preis verkauft.

„Wer ist denn die da drüben?", fragte ich ihn, als er den

Karton abgestellt hatte. Ich nickte Richtung Handtuchausgabe, ungeniert glotzte er hinüber. Beck war schon drei Wochen vor mir aufgestiegen, daher kannte er die Besatzung besser als ich. „Ah, die." Er machte eine flapsige Wischbewegung mit der Hand, als solle ich mir die Idee aus dem Kopf schlagen. „Die ist von der Kunstgalerie. Vergiss es, das ist 'ne Lesbe."
„Achso?" Ich liebte Herausforderungen.
„Ja, die soll irgendwas mit der kleinen Blonden aus'm Fotoladen haben. Aber was weiß ich, versuch halt dein Glück."
Unsere Unterhaltung wurde von der morgendlichen Lautsprecheransage unterbrochen:
„Guten Morgen liebe Gäste, hier spricht ihr Kapitän. Ich habe gute Nachrichten: Wie versprochen wird der Nordostwind im Laufe des Tages immer mehr abnehmen, sodass sich die See beruhigt. Sie, meine lieben Gäste, können diesen Vormittag also richtig genießen. Wir haben eben die Poolliegen für Sie bereitgestellt und unsere Barmänner freuen sich auf ihren Besuch. Wenn wir dann gegen 15 Uhr in Lissabon anlegen, schwanken maximal Sie beim Landgang. Ich wünsche Ihnen einen wunderschönen Tag! Ihr Kapitän."
„So ein Trottel", murmelte Beck kopfschüttelnd vor sich hin. Ich wusste genau, was er meinte, denn es dauerte keine zehn Minuten, da hatte sich schon eine Schlange von mindestens 30 Personen an der Handtuchausgabe eingefunden. Bald war die Schlange eher eine Traube und die Brünette von meinem Standpunkt aus gar nicht mehr ersichtlich. Immer mehr Passagiere strömten auf das Pooldeck, legten einen beliebigen Gegenstand auf eine Liege

und verschwanden zum Frühstücksbuffet wieder ins Innere. Bald würde es Beschwerden über die vielen reservierten Liegen geben. Meine euphorische Laune sank wie ein schwerer Stein auf den Grund des Meeresbodens, während das Schiff davonfuhr. In der Tat hatte es gerade eine halbe Stunde gedauert:

„Unternehmen Sie doch etwas, das Reservieren von Liegen sollte verboten sein. Nehmen Sie die Sachen gefälligst runter!" Eine rothaarige Frau im Bademantel gestikulierte wie ein aufgebrachter Krake vor Beck in der Luft herum. „Es ist der vorletzte Reisetag, ich habe das Recht auf eine Poolliege."

Beck atmete tief durch. „Ich nicht verstehen", sagte er, erhob seine Handflächen und zuckte mit den Schultern. Die Frau stierte plötzlich mich an. Ich schüttelte mit dem Kopf.

„Nicht verstehen, nicht verstehen, dann holen Sie doch einen Deutschen her."

Beck legte den Kopf schief, was mich unweigerlich an einen verwirrten Hund erinnerte, ich musste mir ein Lachen verkneifen.

„Dann halt nicht", die Frau warf sich ihre Badetasche über die Schulter, brüllte „so ein Sauhaufen hier" und stampfte davon. Einige Gäste blickten ihr irritiert hinterher. Unterhalb des Tresens erhob ich den Daumen meiner Faust, Beck grinste. Natürlich hatte er die Frau verstanden. Alle nicht deutschsprachigen Seabird-Mitarbeiter, die in regelmäßigem Gästekontakt standen, bekamen Deutschunterricht.

„Das war ja ein ganz schöner Auftritt", eine Frau meines Alters beugte sich über den Tresen. Roséfarbenes Seidenkleid, blonde Strähnchen, ein kleiner Strassstein auf dem rechten Eckzahn. „Ich hätte gerne einen Kaffee, bitte." Das Grün ihrer Augen umhüllte meine Arbeitsschritte: die kleine Tasse auf den Unterteller stellen, ich legte ihr zwei statt eines Kekses daneben und stellte das Ensemble vor ihr ab.

„Ihre Bordkarte bitte."

„Ach, natürlich." Sie griff zu dem pinken Lanyard auf ihrem Dekolleté, an dessen Ende die Karte baumelte.

Fast jeder Gast trägt seine Bordkarte wie ein Hund seine Marke an einem Band um den Hals, das Lanyard heißt und der größte Verkaufsschlager im Schiffsshop ist.

Anstatt die Karte von ihrem Halsband zu entfernen, lehnte sie sich mit ihrem Oberkörper über den Tresen, so weit bis die Bordkarte den Scanner der Kasse berührte. Ihre Brüste, die aussahen als hätten sie in ihrem Leben schon einmal Milch gegeben, verdeckten die digitale Preisanzeige, sodass ich nur durch das leise Piepen des Kartenscanners erfuhr, dass der Kaffee von ihrem Bordkonto abgebucht wurde. Nachdem sie mir die unterschriebene Quittung zurückgegeben hatte, verabschiedete sie sich bis später. Wie nach jedem Verkauf schaute ich gespielt beiläufig auf den Abschnitt mit der Trinkgeldangabe. Anstatt eine Zahl einzutragen, hatte sie ein kleines Herz hineingemalt. Neben ihrer Unterschrift war außerdem ihre Kabinennummer doppelt unterstrichen. Langsam dämmerte mir, was das Strasssteinchen im Schilde führte. Ich notierte mir die Nummer auf einem separaten Zettel. 4105. Das war eine Innenkabine auf dem untersten Passagierdeck, die günstigste Kategorie an Bord.

Das Löckchen auf der anderen Seite war mittlerweile

abgelöst worden. An ihrer Stelle stand ein britischer Sänger aus dem Showensemble. Er trug die gleiche Uniform wie sie, sah aber vollkommen fehlgekleidet aus. Seine Hose, viel zu groß, erinnerte mich an diese alten gepufften Reithosen englischer Königshäuser, während die Farbe seines T-Shirts ihn ungesund blass erscheinen ließ. Ein junges Paar bat den Briten um ein Selfie. Sie quetschten ihn in ihre Mitte, die Köpfe wie Magnete angedockt, woraufhin der britische Kleiderbeutel ein übertriebenes *the show must go on* in die Kamera lächelte. Ich beobachtete die Szene mit Genugtuung. Die sogenannten Stars an Bord hatten mehr Freizeit als ihnen guttat, da war es nett, auch sie ein bisschen leiden zu sehen.

Auf den Poolliegen waren die ersten Hüllen gefallen, deutsches Weiß in den verschiedensten körperlichen Ausmaßen leuchtete mir blendend entgegen. Jede Liege war belegt und wir hatten endlich Betrieb an der Bar. Ich war nach meinem Urlaub immer noch in Höchstform, doch in den letzten Tagen gab es kaum Möglichkeit, Stammgäste zu akquirieren. Normalerweise versuchte ich, mir Gesichter, Namen und Bestellungen einzuprägen. Mehr familiäre Atmosphäre, mehr Trinkgeld. Nach der Wellengang-bedingten Pleite war es nun mein Ziel, so viel wie möglich an den letzten beiden Reisetagen aufzuholen. Beck schnitt Limetten im Akkord. Ich zapfte Bier und entkorkte Proseccoflaschen. Auch Strasssteinchen bestellte einen Caipirinha. Ein Getränk und die gleiche Summe an Trinkgeld!

Gegen Mittag schimmerte das erste Weiß sachte rot. Der Geruch von Sonnencreme umhüllte das Schiff. Ein Mann in grünem Hawaiihemd kam an die Bar und bestellte ein Bier. Auf meine übliche Frage folgte die zugegeben etwas unübliche Antwort:

„Hörma Meister, was soll der Geiz, natürlisch'n Großes." Seine Haut war ledrig verknittert, muskulöser Nacken, nikotingelbe Zähne. Beim Unterschreiben der Quittung glänzte ein Goldkettchen an seinem Handgelenk.

„Schatz, die ham uns de Liesche wechjenommen", piepste auf einmal eine zierliche Frau hinter ihm.

„Wat is los?", er drehte sich zu ihr.

„Da, da han isch dat Magazin hinjelescht." Mit einem Silber glitzernden Fingernagel zeigte sie auf den Bereich links neben der Bar. Hawaii-Goldkettchen ergriff sein Bierglas und stapfte mit seiner Frau Richtung Poolliegen.

„Schatz, hier, hier ist meen Magazin mit de Katy Perry druff. Dat han isch op die Liesche jelescht." Ihr Fingernagel wedelte kurz zwischen einer Zeitschrift auf dem Boden und einem beleibten Mann in roter Badehose hin und her. Dann bückte sie sich und hob das Magazin auf.

„Meister, dat is unsre Liesche op der se heh fläzen", sagte Hawaii-Goldkettchen in lautem Tonfall zum Mann in roter Badehose, der nach einem kurzen Moment seine Sonnenbrille nach oben schob und erwiderte, die Liegen wären für alle da.

„Joa joa dat, dröm war dat heh joa unsre."

„Isch han extra noch vorm Frühstück dat Magazin rufjelescht." Die Freundin hielt in kriminalistischer Manier das Beweisstück in die Höhe.

„Wat bilden sie sich eigentlich ein, sie könn doch nich nen halben Tag lang ne Liege reservieren." Die rote Badehose nahm eine sitzende Position ein, wobei der Bauch, vorher ein kleiner Hügel, nun wie ein Sack auf seinen Oberschenkeln hing. Erst so erkannte ich ihn, auch er hatte bereits zwei Bier bei mir bestellt, große natürlich.

„Dann jebben se zu, dat se dat Magazin wechjenommen han", piepste die Frau aufgebracht.

„Ick jeb hier janüscht zu. Und jetzt lassen se mich jefälligst in Ruhe, ick bin im Urlaub", brummte die Badehose.

„Pass op, wir sin hier alle im Urlaub und minge Perle will jetzt ihre Liesche han!"

„Mir is ejal, wat ihre Truller will, ick will och so enjes."

„So reden se nisch über minge Frouw."

Beck warf mir einen besorgten Blick zu. Die meisten anderen Gäste hatten ihre Gespräche eingestellt, nur das freudige Geschrei von Kindern im Pool war noch zu hören.

„Ick kann machn, wat ick will und jetzt verschwinden se jefällichst", erwiderte die rote Badehose und erhob sich.

„Mir jehn nirjenswo hin, dat is unsre Liesche." Hawaii-Goldkettchen machte einen Schritt auf rote Badehose zu.

„Sie können mich mal", schrie dieser zurück und schubste den anderen energisch bei den Schultern. Der Mann taumelte rückwärts, wobei ihm das überschwappende Bierglas aus der Hand rutschte. Klirrend landete es auf dem Holzfußboden. Kaum hatte er sein Gleichgewicht wiedererlangt, schnellte der Hawaii-Mann nach vorne und schlug dem anderen mit der Faust ins Gesicht. Dieser fiel nach hinten auf die Liege, die krachend unter ihm nachgab. Auf einmal erschien Beck in der Szenerie und umklammerte das Hawaii-Goldkettchen von hinten, um ihn von weiteren Taten abzuhalten. So schnell wie möglich eilte ich hinüber.

„Jetzt ham se de Liesche kapott jemacht", quäkte die kleine Frau, gefolgt von „Lassen se misch los" ihres Mannes und einem heiser gestöhnten „Au, meen Steißbein" des Gefallenen. Die rote Badehose samt Hintern hatte sich durch die Bespannung gebohrt, sodass der Mann in der Liege feststeckte.

„Was um Himmels Willen ist denn hier los?", fragte eine tiefe Stimme hinter uns. Buschige zusammengekniffene Augenbrauen, der Sicherheitsoffizier musterte die Situation. „Lassen Sie den Mann los", befahl er Beck und im gleichen Atemzug „Und wischen Sie das auf", an mich gewandt. Er zeigte auf das Bier, das wie ein riesiger Pissefleck zwischen die Liegen gelaufen war.

Ich marschierte zum Tresen und ließ Wasser in einen Eimer laufen. Der Offizier verständigte per Handy den Arzt, eine Krankenliege wurde herbeigetragen, weitere Offiziere in Uniformen erschienen. So viele Klappenstreifen auf einem Haufen sah man sonst nur auf Crewparties. Doch so schnell sie gekommen waren, gingen sie auch wieder. Hawaii-Goldkettchen und seine Frau wurden ins Innere geführt, die rote Badehose abtransportiert und die kaputte Liege entfernt. Das Gemurmel auf dem Pooldeck kehrte zu seiner üblichen Lautstärke zurück und Beck bediente die von der Aufregung durstigen Gäste. Ich säuberte den Tatort. Das Bier war bis an die Glasrennscheibe gespritzt, die die Poolliegen vom Fahrtwind abschirmte.

Mit Glasreiniger bewaffnet kniete ich vor der Scheibe und erkannte erst als mich ihre grünen Augen direkt anblickten, dass die Liege dahinter von Strasssteinchen be-

legt war. Ich wischte mit einem Lappen über ihre in ein Bordhandtuch gehüllte Silhouette und nickte ihr zu. Daraufhin stand sie auf, griff nach einem Bikinioberteil über der Lehne ihrer Liege, wandte sich wieder mir zu und ließ ganz beiläufig ihr Handtuch fallen. Barbusig, nur mit einem Höschen bekleidet stand sie plötzlich vor mir. „Ups", formten die runden Lippen um das Strasssteinchen herum. Mit meiner gesamten Willenskraft hielt ich gleichermaßen dem Absinken meiner Kinnlade und dem Aufstreben in meiner Hose entgegen. Sie zwinkerte mir zu und hob das Handtuch auf. Schwindelig griff ich nach dem Eimer und ging zur Bar.
„Mann, wie machst du das immer nur?", flüsterte Beck mir im Vorbeigehen zu.

*Bitte, um Himmels Willen,
Poolliegen werden nicht reserviert!*

Maya: Diese Crewparty mit Lea

Mein Blick fuhr wie auf Straßen ihre Beine entlang, über große auf ihrem Knie gespannte Bahnen und kleine dünne Abzweigungen am Knöchel. Hin und wieder ließ sie einen Arm nach unten hängen und berührte sanft mein Bein. Wir saßen im Raucherraum der Crewbar, sie auf meinem Schoß. Leute gingen ein und aus, Wiederkehrer brachten neues Bier, die Musiker redeten über Musiksachen, manche riefen nach Feuerzeugen, Erdnüsse flogen durch die Luft, ein Sumpf aus Alkohol und Leas Laufmaschen, die mich wie Rettungsleinen an der Oberfläche hielten.

Es war der Beginn meiner dritten Arbeitswoche, jeden Tag hielt das Schiff an einer anderen kulturhistorischen Mittelmeerperle mit berühmten Museen, spektakulärer Architektur und gutem Essen. Doch alles, was ich bisher gesehen hatte, waren die Hafengebäude durch das Galeriefenster, während ich damit beschäftigt war, die Kunst an den Wänden auszuwechseln.

Ich vermisste meine Freunde. Gerne hätte ich mal über etwas anderes als das Schiff geredet oder ausgeschlafen und gegessen, wenn mir danach war. Die Situation war so frustrierend, dass ich überlegte zu kündigen. Ein Gedanke, den meine Familie schon im Keim zu ersticken versuchte.

„Glaubst du, wir lieben unsere Jobs?", hatte meine Mutter mir am Telefon entgegen geschmettert. „Das Leben ist nun'mal kein Wunschkonzert. Du hast dich für eine schwierige Branche entschieden. Sei doch froh, dass du überhaupt einen Job hast. Ich habe dir gesagt, werde Krankenschwester wie ich, dann hast du immer Arbeit, aber nein, du wusstest alles besser. Das hast du jetzt davon. Und überhaupt, bereits in der dritten Woche aufgeben, haben wir dich so erzogen?"

Was hätte ich dazu schon sagen sollen? Irgendwie hatte sie auch Recht. Trotzdem sehnte ich mich nach jemandem, der verstand, wie es mir ging und dass es hart war, auch wenn es nichts mit den Leiden einer Krankenschwester wie vereiterten Wunden und Hintern abwischen zu tun hatte. Und dann hatte ich Lea getroffen.

Als ich abends die Crewbar betrat, war die Party in vollem Gange. Laute HipHop-Beats dröhnten durch den Raum, es war dunkler als sonst und die Luft von den vielen Menschen ausnahmsweise nicht klimaanlagenunterkühlt, sondern klebrig feucht. Von der Decke baumelten silberne Deko-Elemente, an der Wand, die den Raucherraum vom Rest abtrennte, stand auf einer großen Silberfolie in schwarzen Buchstaben *Happy Housekeeping*. An der Bar unterhielten sich Leute in Grüppchen, das gleiche in den Sitzecken am Rand, von Lea keine Spur. Im Zentrum der überfüllten Tanzfläche tobte ein Partyvulkan.

Artjom, ein Tänzer aus dem Showensemble, und ein Philippiner, von dem ich ohne Uniform keine Ahnung hatte, zu welchem Department er gehörte, lieferten sich ein beeindruckendes Dancebattle. Vom Kopf auf eine Hand auf die Füße, kurz ein menschlicher Knoten, dann wieder Artjom. Die Masse tobte. Doch der wahre Star hier unten war der andere. Aus seinem Wippen wurden ein Wirbeln, Kreiseln, Handhüpfen und schließlich sogar ein Salto. Die Philippiner im Zuschauerkreis sprangen und pfiffen, als versuchten sie, das Schiff zum Kentern zu bringen. Immer mehr Tänzer wagten sich in die Mitte und präsentierten Darbietungen, die auch oben auf der Showbühne beeindruckt hätten, obwohl sie hier fürs Putzen oder Abwaschen bezahlt wurden.

Ich erkämpfte mir einen Weg an die Bar. Zu meiner Überraschung unterstützte die österreichische Chefin des Housekeeping an diesem Abend den Crewbarkeeper. Ich kannte sie, da wir kleine Kunstwerke nach dem Kauf vom Housekeeping auf die Kabinen der Gäste liefern ließen. Sie verteilte gratis Bier an die durstige Menge. Ansonsten kein mir bekanntes Gesicht. Dafür spürte ich immer mehr männliche Augenpaare aus verschiedenen Richtungen an mir kleben. Verloren hielt ich mich an meiner Bierflasche fest, bis mir jemand aus einer dunklen Ecke heraus entgegen winkte.

Es war Jessica, die Rezeptionistin, die ihr Bett über meinem hatte und doch in einer anderen Kabine wohnte. Ich ging hinüber, woraufhin sie mich den anderen vorstellte. Ihren Freund Lubosh, Sergej, George, Timo, Hauke, Sven und einige andere, deren Namen ich gleich wieder vergaß – im Grunde hatte sie das ganze technische Department um sich herum geschart und saß wie eine Anführerin in der Mitte. Wie immer, wenn mehrere Mitarbeiter zusammentrafen, berichteten die Männer von ihren früheren Seabird-Einsätzen.

„Jedes Schiff hat seine eigenen Macken", erklärte mir Lubosh mit seiner grollend tiefen Stimme.

„Ja", pflichtete ihm der etwas jüngere George bei, „auf der Little Queen fallen häufig die Kühlräume aus, auf der

Star Quattro ist es die Telefonanlage und hier spinnt ständig das Internet, was im Grunde das Schlimmste von allem ist."

Einheitliches Nicken in der Runde.

„Weißt du, es kann regnen oder die Sonne scheinen", sagte Jessica, „das Bier und der Wein fließen wie Wasserfälle, das Unterhaltungsprogramm spitze, aber wenn dann mal für eine Stunde das Internet ausfällt, dann fühl ich mich an der Rezeption wie der Fährmann zur Hölle."

„Da möchte man meinen, die Leute wären hier, um wegzukommen, dabei interessiert sie nur die Verbindung nach draußen", pflichtete ihr Lubosh bei. Er legte seinen muskulösen Arm um Jessica, woraufhin sie sich an seine Schulter schmiegte.

Ich blieb in der Runde, hörte mir ihre Anekdoten an und trank ein Bier nach dem anderen. Für den maximal erlaubten Promillegrenzwert interessierte sich hier niemand. Sogar der Muskelschrank von Sicherheitsoffizier schlürfte Cuba Libre an der Bar.

Irgendwann brachen die ersten Leute vom Housekeeping zur Arbeit auf. Die Nacht war ihr Tag. Während die Gäste schliefen, polierten sie das Schiff auf Hochglanz. Ich zweifelte, ob Lea überhaupt noch auftauchen würde, bis plötzlich Fernando, der Manager des Fototeams, an der Bar neben mir stand.

„Buenos Dias Galeria." Sein Standardgruß. Er atmete tief durch, setzte seine Bierflasche an und leerte sie in einem Zug. „Dios mio, was für ein Abend, wir sind eben erst fertig geworden."

Ich schaute auf meine Uhr, es war kurz nach eins.

„Die Leute haben uns den Laden eingerannt", erklärte er

kopfschüttelnd. „Heute war Rabattaktion auf individuelle Fotomagneten. Das ist denen aber allen erst kurz vor zehn Uhr eingefallen, wahrscheinlich hat da die Übelkeit nachgelassen oder sie waren wieder nüchtern oder was weiß ich. Jedenfalls hatte natürlich so gut wie niemand seinen Magneten vorbestellt, deshalb haben wir mal eben fast zweihundert von den Dingern produzieren müssen. Die Schlange hat durchs halbe Schiff gereicht und natürlich wollten sie auch nicht morgen wiederkommen, da gibt´s ja keinen Rabatt mehr." Er schüttelte erneut mit dem Kopf. „Die haben 50 Cent gespart und wir mussten unbezahlte Überstunden machen." Mit seinem Finger deutete er erst auf den Barkeeper und dann auf seine Bierflasche, die sogleich erneuert wurde. „Was solls. Shitlife. Äh. Shiplife." Er grinste. „Salud."
Als wir anstießen, betraten die anderen Fotografen die Bar. Die rothaarige Katharina, die mir erzählte, dass sie vor Seabird auf einem Eisbrecher gearbeitet hatte, der hagere Milán, der das Schiffsgehalt nutzte, um zuhause in Ungarn als freier Künstler zu arbeiten und ein amerikanisches Pärchen, das hauptsächlich für sich blieb.

Als Lea endlich in der Crewbar auftauchte, verfolgte der halbe Raum ihre Bewegungen. Schwarzer Lederrock, mehr Laufmaschen als Strumpfhose, halbdurchsichtiges Silbertop, bordeauxroter Lippenstift.

„Wow", Katharina gestikulierte mit ihrer Hand vor Lea auf und ab.

„Mir war ein bisschen nach Aufbrezeln nach dem ganzen Frust eben", entgegnete sie schulterzuckend und dann „Was trinken wir?", gefolgt von „Ich hab' Lust zu tanzen" und an mich „Willst du tanzen?".

Maya: Diese Crewparty mit Lea

Genau wie im Bird-Club sechs Decks über uns wurden auch zu jeder Crewparty die gleichen allseits bekannten Pop-Bands gespielt. Ungeachtet aller nationalen Unterschiede vereinten, mitten im Mittelmeer zwischen Fischen und Plastikmüll, Michael Jackson und Vanilla Ice die Besatzung zu einem einzigen hüftwackelnden Haufen. Lea war eine besonders gute Tänzerin. Geschmeidig fließende Bewegungen. Neben ihr fühlte ich mich wie ein gestrandeter Schwertwal, der sich in klobigen Zuckungen seinen Weg zurück ins Wasser erkämpft. Trotzdem tanzte sie nicht mit einem der unzähligen, ihr immer wieder auf den Hintern glotzenden Typen um uns herum, sondern ausschließlich mit mir, was mich zunehmend verwunderte. Als die Musik von den White Stripes zu Kool and the Gang wechselte hielt sie zwei Finger an ihre dunklen Lippen. Ich folgte ihr in den Raucherraum.

Die Atmosphäre dieser qualmenden Kabine erinnerte an einen überquellenden Aschenbecher. Fast noch mehr Menschen als in der eigentlichen Bar standen, saßen, redeten und rauchten hier. Auf den Tischen lagen Chipstüten neben Zigarettenpackungen zwischen Müllschnipseln und Tabakresten. Ein Stuhl am vorderen Tisch war nicht belegt, der einzige freie Platz im Raum. Im Grunde lag die ganze Entwicklung des Abends einzig und allein auf der Tatsache dieses einen freien Stuhles begründet.

War es mein Vorschlag oder ihrer gewesen? Sie, wesentlich kleiner als ich, schmaler gebaut, saß fast selbstverständlich auf meinem Schoß. Die Musik war hier leiser als drüben, sodass man sich fast in normaler Lautstärke unterhalten konnte. Lea kannte viele der Leute. Sie stützte sich auf einen Ellenbogen, plauderte mal mit der einen und scherzte mit dem anderen. Eine Zigarette zwischen ihren schlanken Fingern, weißer Rauch durch ihre dunklen gespitzten Lippen. Sie erinnerte mich an eine Schauspielerin der Fünfziger, nur das ihre kaputte Strumpfhose nicht ins Bild passte. Ich trank Bier, lauschte den Gesprächen und freute mich, nicht mehr allein zu sein.

Gerade hatte sie wieder mein Bein berührt, als Jagoš, ein serbischer Bordmusiker, von irgendwo hinter uns dazukam und sich auf einen mittlerweile freien Stuhl neben uns setzte. An seinem Ohrläppchen glänzte ein goldener Ring, kurzärmliges geblümtes Hemd, schwarze Jeans. Das gleiche Outfit, in dem er nachmittags auf der Bühne *Jailhouse Rock* gegrölt hatte.

Zu unser aller Überraschung entfernte plötzlich jemand auf der anderen Seite die *Happy Housekeeping*-Folie von der Fensterscheibe. Grell blendendes Licht drang ein, die Musik verstummte. Es wurde „letzte Runde" gerufen, woraufhin ein paar Leute zur Bar stürzten. Jagoš blieb sitzen und lehnte sich so dicht zu uns herüber, dass ich den abgestanden Zigarettendunst aus seiner Magengegend roch. „Euch ist schon klar, dass ihr alle Männer hier im Raum vollkommen wahnsinnig macht?" Das Leuchten in seinen Augen ließ keinen Zweifel daran, dass er vor allem von sich selbst sprach. Lea nahm meine Hand und zog sie auf ihren Oberschenkel. Ein Prickeln in meinem Inneren. Jagoš grinste ein Pferdegebiss-vor-Karottenbündel-Grinsen, Lea sagte irgendwas, er zog von ihrer Zigarette. Meine Eifersucht überraschte mich.

Die anderen kamen wieder. Der Bandschlagzeuger legte ein Handy mit osteuropäischer Rapmusik auf den

Tisch. Mehrere Barkeeper in schwarzer Uniform betraten den Raum, ihr Feierabend wie immer, wenn alle anderen mit Feiern fertig waren.

„Geht heute noch irgendwas in der Lava Lounge?", fragte einer. Der glatzköpfige drehte sich um, stierte auf Lea und mich und zuckte mit den Schultern.

Von einer Lava Lounge hatte ich noch nicht gehört. Das Schiff war so riesig, ich kannte immer noch nicht alle Orte.

Lea und ich hielten Händchen, geschmeidige Finger, weiche Haut. Ich wollte sie am Beim, am Rücken, am Bauch berühren, aber traute mich nicht. Stattdessen Verwunderung, dass gerade sie an ihren Nägeln kaute. Es war kein Weiß mehr übrig und am Zeigefinger der linken Hand säumte sogar eine dünne Blutkruste den oberen Nagelrand. *Kannibalismus am eigenen Leib.*

„Aber in Russland, ich sags dir, teuer und macht nüscht her." Der betrunkene DJ zählte mir gerade auf, in welchen Ländern er das beste Koks genommen hatte. Puerto Rico, Amsterdam, die Highlights seiner persönlichen Landkarte.

„Und auf dem Schiff?", fragte ich.

„Wie auf dem Schiff? Was laberst du, ich flieg doch nicht einfach so zu den Orten, natürlich auf dem Schiff. Da fragt die auch noch." Er war laut geworden, woraufhin Lea sich von Jagoš zu mir drehte.

„Lass uns gehen!" Ihr Tonfall hatte etwas Endgültiges. Prompt hüpfte sie von meinem Schoß, rückte sich ihren Rock zurecht und zog mich aus dem Raum. Mit halb eingeschlafenen Beinen watschelte ich hinter ihr aus der Crewbar durch die Tür, die Pärchen zusammenbrachte wie eine magische Pforte. Denn wer, wann zusammen diesen Ausgang verlassen hatte, wusste am nächsten Tag mit Sicherheit die halbe Besatzung.

Kaum waren wir auf dem Gang, drehte Lea sich zu mir um, presste mich stürmisch mit ihrem schmalen Körper gegen die kalte Stahlwand und küsste mich. Meine Hände fuhren ihre schmale Taille entlang, ihr Hüftknochen pressten gegen meine Scham. Ich fragte mich, ob es auch hier wie fast überall eine Kamera gab und wer uns gerade beobachtete. Im gleichen Augenblick wurde die Tür neben uns geöffnet und Jagoš trat heraus. Lea sprang hektisch einen Schritt zurück. Im Dreieck blickten wir uns nacheinander an. Erst sah Jagoš überrascht aus, aber dann begriff er, was er eben gesehen hatte und sein Pferdegrinsen kam zurück.

„Da komme ich ja genau richtig", sagte sein Magenatem, während er einen Schritt auf uns zuging. „Lasst ihr mich mitmachen?"

Ein paar Minuten später lag ich auf meinem Bett – ohne Lea und erst recht ohne Jagoš, mit dem sie einfach verschwunden war, nachdem ich ihn nicht in unsere Zweisamkeit inkludieren wollte. Jessica war in der Luxuskabine ihres kroatischen Hünen und ich wie immer allein. Nichts hatte sich geändert, ein Hauch von Verbundenheit, zu schwach, um einen greifbaren Eindruck zu hinterlassen. Am nächsten Tag würde ich wie immer in der Galerie stehen und höflich lächeln. Das Schiff rauschte über die Wellen, einige Kabinen entfernt stöhnte eine Frau lustvoll auf ihrem Höhepunkt, in drei Stunden würde mein Wecker klingeln und ich, wie eine Flaschenpost ohne Inhalt, weinte mir die fremden Lippenstiftspuren von den Wangen.

Crewpartys bieten Abwechslung und schweißen die Besatzung zusammen, oft in überraschenden Konstellationen.

Joseph: Schiffsstrich

Mit einem Ruck zog ich den Reißverschluss bis zu meiner Kehle hoch, dann stülpte ich mir die Kapuze über. „Bis bald", sagte die Frau hinter mir. Ihre Worte umhüllte ein schwerer Akzent. Russisch, Polnisch? Ich hatte nicht gefragt. Die Reise, ein Geschenk ihres Mannes, der aus Geschäftsgründen im letzten Hafen von Bord musste. Schon das war mehr als mich wirklich interessierte. So leise wie möglich schloss ich die Tür ihrer Suite und ging, meinen Blick nach unten gewandt, den Gang entlang. Es waren ungefähr 40 Meter bis zur nächsten Crewtür. 40 Meter Risiko jemandem zu begegnen oder auf den Überwachungsvideos aufzufallen. Wie meistens hatte ich Glück, keiner kam mir entgegen, ich schlüpfte durch die Tür, sprang in den Fahrstuhl gleich dahinter, das Sweatshirt wickelte ich zu einer Rolle und klemmte es mir unter den Arm. Der Aufenthalt in Passagierkabinen war vertraglich verboten, doch kaum jemand hielt sich an diese Regel. Erwischen lassen sollte man sich trotzdem nicht. Nach zweimaliger Abmahnung erfolgte beim dritten Vorfall die Kündigung. Auch das stand im Vertrag. Doch bisher kannte ich nur eine Person, die tatsächlich gehen musste. Ein Gastgeber, der nachts mit zwei Frauen im Pool Champagner schlürfte. Der intime Kontakt mit Gästen war verboten, die Benutzung des Pools ebenfalls und Champagner trinken? Auslegungssache. Der Legende nach soll er dabei nackt gewesen sein. Ich konnte ihn allerdings nie fragen, denn am nächsten Tag war er weg.

In meiner Kabine angelangt, stopfte ich das Sweatshirt in die Tasche unter meinem Bett und kramte aus dem Seitenfach das kleine rote Büchlein und einen Seabird-Kugelschreiber heraus. Ich schlug eine neue Seite auf – ungefähr in der Mitte des Buches – und machte zwei Striche. Strasssteinchen und Osteuropa, vielleicht würde ich mir das bis zum Ende des Vertrages merken, vielleicht auch nicht. Eine Erinnerungsnotiz zu jedem Strich wäre sinnvoll gewesen, doch was, wenn das Buch jemals gefunden werden sollte? Nicht auszudenken, was wäre, wenn es meiner Schwiegermutter in die Hände fiel. Es war mein Schiffsleben in Zahlen, der manifestierte Stolz meiner bescheidenen Existenz. Kleingeistige Spießer mochten es als perverse Trophäe bezeichnen, für mich war es ein Mittel in dieser schnelllebigen, sich wiederholenden Welt nicht den Überblick zu verlieren. Drei Jahre, fünf Verträge, 26 Länder, 51 Städte und viele kleine Striche. Ein paar Mal hatte ich mehrere pro Tag eingetragen, manchmal gab es mehr Optionen auf Striche als ich zeitlich oder körperlich hätte händeln können. In dieser abstrusen Welt, in der ich keinen Ehering trug und alle immer im Urlaub waren, warfen sich mir mehr Frauen an den Hals, als es mir an Land jemals jemand glauben würde. Doch das Buch war mein Beweis, dass es real war.

Mein Handy vibrierte. Ein Foto meiner Tochter beim

Vorlesewettbewerb. Strahlend streckte mein kleiner Engel eine Urkunde in die Kamera. Zweiter Platz stand darauf. Eine andere, etwas ruhigere Art von Stolz erfüllte mich, dabei konnte sie dieses Talent im Grunde nur von ihrer Mutter haben. Neben meinem Fuß entdeckte ich einen 50 Euro Schein. Er musste mir gerade aus der Hosentasche gefallen sein. Eigentlich wollte ich ihn der Frau wiedergeben. Ich war hier ein freier Mann, kein Gigolo, jetzt war es zu spät. Noch in den frühen Morgenstunden würden die ersten Gäste abreisen und ihre Kabinen den nächsten überlassen. Sollte das Housekeeping einen guten Job absolvieren, würde niemand mehr daran denken, dass vor kurzem noch jemand anderes auf dem Kissen gelegen oder an der Reling gestanden hatte. Eine neue Woche, ein neuer Urlaubstraum. Alles was blieb, waren kleine Striche in meinem Buch.

Ich hatte Beck versprochen, die Lavalampe aufzuwärmen. Sie brauchte mindestens 30 Minuten, damit die Masse nicht aussah wie ein toter Embryo in Konservierungsflüssigkeit. Er selbst war noch im Fitnessstudio, hatte aber irgendwen für irgendwann heute Nacht zu uns eingeladen.

Ich öffnete den Schrank neben dem Schreibtisch und zog ein blaues Knäul heraus. Aus Sorge, die Lampe könnte bei einem unangekündigten Kabinencheck konfisziert werden, verwahrten wir sie hinter verschlossener Tür in einem Handtuch eingewickelt. Diesmal ähnelte der orange Kadaver einem überfahrenen Frosch, der plattgedrückt zu Boden gesackt war. Ich schloss die Lampe an die Steckdose und sofort tauchte sie unsere sterile Kabine in angenehme Gemütlichkeit.

Ich hatte Beck anfangs gebeten, eine gewisse Grundordnung einzuhalten, dass diese für ein friedliches Zusammenleben auf wenigen Quadratmetern wichtig war, hatte ich schon lange vor Seabird beim Militär gelernt. Nie hätte ich ihn für solch einen Ordnungsfanatiker gehalten. Nichts stand auf den Regalen oder dem Schreibtisch und nie legte er etwas länger als eine Minute auf dem Stuhl ab. Außerdem war es unglaublich sauber, entweder bestach er das Housekeeping oder putzte die Kabine nachträglich, wenn ich nicht da war. Ich zog mich aus, um in unserem fantastisch sauberen Bad zu duschen, als plötzlich das Kabinentelefon klingelte. Kurz befahl mich die Angst, der Sicherheitsoffizier hätte mich auf dem Überwachungsvideo erkannt und würde mich nun in sein Büro zitieren. Doch kein Mann, sondern eine Frauenstimme meldete sich als ich nackt den Hörer abnahm: "Hey guys, when does the Lava Lounge open?"

Hauptsache nicht erwischen lassen.

Maya: Neue Reise, neues Glück

Gewusel auf Deck zehn. Anreisetag, Abend. Die neuen Gäste krabbelten über das Schiff wie Ameisen auf Erkundungstour. Valerie und ich standen in der Galerie und beobachteten die Neuankömmlinge.

„So ein Scheiß", brummte sie schon zum dritten Mal durch knirschende Zähne hindurch. Sie trug einen lindgrünen Rock, eine gelbe Seidenbluse, lila Nagellack. Auf der anderen Seite des Galerietresens: KiK, Bierbäuche, Strasssteinlanyards. Billigreise. Manchmal platzierte Seabird Sonderangebote, um die Quote zu erhöhen.

Ein vorbeigehender Mann hielt in seiner rechten Hand eine Weintraubenrebe, genüsslich steckte er sich eine in den Mund. Früchtehorter, kurzum: keine Kunstkäufer.

Obwohl das Portfolio der Seabird Galerie ziemlich breit aufgestellt war. Kleine Drucke in hoher Auflage, große Drucke in kleiner Auflage, Unikate. Noch nie hatte ich eine Galerie mit einer so großen Preisspanne im Portfolio erlebt. So verschieden wie die Gäste, war auch die Kunst an Bord. *Für jeden ist etwas dabei*, predigte Valerie gerne zu Beginn der Auktionen.

Und wirklich: die gegensätzlichsten Leute kauften in der Galerie. Ein abstraktes Unikat, das gut in die Sammlung oder über das Designersofa passte, Drucke, um die Büroräume zu verschönern, kleine Karten als Souvenir. Manche Gäste kauften sich traditionell auf jeder Reise ein Bild. Poppige Farben und dekorative Motive für Personen, die sonst nie eine Galerie betreten hätten, doch an uns spazierten sie automatisch auf dem Weg zum Restaurant vorbei. Im Urlaub hatten sie Zeit zu schlendern, zu gucken, sich zu beraten und vor allem saß im ferienbehafteten Gönnermodus das Geld etwas lockerer. So aber nicht bei den Billigreisen, wenn hier irgendwas locker saß, waren es hauptsächlich die Gürtel der großen Hosen.

Gleichsam eines Startschusses für die Skurrilität dieses ersten Reiseabends ertönte ein dumpfes Plock-Geräusch neben uns. Ich drehte mich um. Gerade noch sah ich, wie ein dicker Glatzkopf seinen Arm einzog. Auf dem Tresen ein leeres Weizenglas, Schaum rutschte an den Wänden herunter. Den Blick starr geradeaus gerichtet, ging der Mann einfach weiter, ein Schlafwandler hätte nicht unschuldiger aussehen können.

„Ha jasses ne!", Valeries Gesichtszüge verhärteten sich, „Was glaubt der denn, wo er ist?"

Neben dem Glas stand der kleine Bronzeakt einer Meerjungfrau. Mit ihrem ausgestreckten Arm sah es aus, als wollte sie das Glas wie eine Duschkabine betreten.

Kunstdusche Kreuzfahrtglück. Jeden Tag fand ich mehr Gefallen daran, mir Titel für die verschiedensten Situationen auszudenken.

„So ein Urlaubspack", murmelte Valerie, als sie dieses Mahnmal der Spaßkultur vom Tresen in den Mülleimer darunter beförderte.

Eine Frau im Blümchenkleid löste sich aus der Masse der wimmelnden Entdecker und blieb vor uns stehen. Noch bevor sie ihren ersten Satz aussprach, erkannte ich diesen hektischen Gesichtsausdruck, der in Kombination mit der, ihre Stirn spaltende, Faltenfurche vollkommen klar sagte: *hallo, ich bin penetrant und rege mich gerne auf, las-*

sen Sie sich nicht von meinem Blümchenkleid täuschen. Und dann begann auch ihr Mund zu sprechen: „Sagen Sie, wie komme ich denn hier ins Internet?" Sie streckte Valerie ein Tablet entgegen, als wäre vollkommen klar, was als Nächstes geschehen würde. Meine Chefin rührte keinen Finger.

„Sie sind hier in der Kunstgalerie", entgegnete sie stattdessen gestochen freundlich.

„Achso", die Frau blickte sich irritiert um, „heißt das, hier gibt es gar kein Internet?" Ihr Stirnkrater sackte in die Tiefe. „Im Prospekt stand, dass auf dem gesamten Schiff W-Lan zur Verfügung stünde und wir befinden uns doch hier auf dem Schiff, oder nicht?"

Eingefrorene Lächeln. Eine kleine Ader pochte an Valeries Schläfe. Damit war eigentlich alles gesagt, Ader gegen Furche. Wie in jedem gnadenlosen Kampf zweier starker Opponenten konnte nur eine unabhängige dritte Partei die Lösung bieten. „Maya", äußerte Valerie übertrieben laut, „hilf doch bitte der Dame. Ich muss ins Büro." Sie drehte sich um und verließ die Galerie, nicht Richtung Büro, sondern marschierte geradewegs zur Bar. Ich hatte Übung darin, den Gästen das Internet einzurichten.

Wie komme ich ins Internet, kann man hier rauchen und wo ist die nächste Toilette? waren die meistgestellten Fragen in der Kunstgalerie. Allerdings in umgekehrter Reihenfolge.

Nachdem das Blümchenkleid verschwunden war, stellte Valerie mit einem milden Gesichtsausdruck einen Kaffeebecher vor mir ab.

„Für dich: Ostfriesenmischung."

Beinahe hätte ich den ersten Schluck auf das Blumengesteck vor mir gehustet.

„Ich hab meinen schon getrunken", verkündete sie heiter. Die Ostfriesenmischung schmeckte wie eine halbhalb-Mische aus Baileys und Korn mit einem kleinen Schlückchen Kaffee.

„Eigentlich könnten wir auch zumachen und den Rest der Woche am Pool sitzen." Sie stöhnte nachdenklich. „Die Provision können wir sowieso vergessen."

Da hatte ich sofort ein Bild im Kopf: Valerie und ich auf Poolliegen, in ihrer Hand ein Korn, in meiner ein gutes Buch. Sie würde einen dekadenten Sonnenhut und einen Designerbadeanzug tragen, jemand brachte einen Cocktail und das beste von allem: nach zwei gelesenen Buchseiten würde ich mindestens zehn Stunden am Stück auf meiner Liege durchschlafen. Die Fiktionalität dieses Bildes sägte in knirschenden Bewegungen an meinem Verstand und ließ die Müdigkeit zu einer schweren Decke auf mich herunter rieseln. Ich nippte an der Ostfriesenmischung.

Die nächste Passagierin gab uns dann doch Hoffnung – in Form einer goldenen Bordkarte.

„Hob i sie nit scho amol gsecha?", sagte die Vielfahrerin zu Valerie, während sie sich mit der goldenen Karte ein Lüftchen ins Gesicht wedelte. „Jo freili, letschts Joahr in da Kariabik woar des, auf der kluana Queen. Da hand se mir des riasige Bildle verkooft. Woast scho, dees wo dia Sonn untergoot. Des hängt jetz bei uns im Stüberl. Wissens bei uns dohoam mit die Berge ham mir nit so an Sonnenuntergang wia aufm Schiff."

Das Koffein hatte freundlicherweise sämtliche Schleusen zu meinem Hirn geöffnet, sodass der Korn längst seinen Weg gefunden hatte. Wie ein Rauschen zogen ihre genuschelten Worte an mir vorbei, bis sie mir irgendwann mit einem letzten feierlichen Wedeln ihre Bordkarte überreichte.

„I moch des allat glei am erschten Dog, nachat ko mir des niamad mea wegnema." Sie hatte sich für eine glitzersteinbesetzte New Yorker Stadtansicht entschieden. Viertausend Euro. Hochkonzentriert tippte ich die Nullen ein.

„Hot mea grfreit sie beid wiederzusehn", verabschiedete sie sich, dabei war es mein erster Vertrag und ich noch nie in der Karibik, aber dann hörte ich nur noch:

„Guck mal Schatz, das ist echt. Merkt man ganz deutlich die Fa" und Valeries Aufschrei.

Ein Gast hatte mit seiner Hand auf die Stadtansicht des Kolosseums gepatscht und fuhr mit der ausgebreiteten Handfläche die römisch-antike Pflasterstraße entlang.

„Finger vom Bild", brüllte Valerie in seinen Satz hinein. Mit klackenden Absätzen stürmte sie zur Staffelei und betrachtete die ockerfarbenen Pflastersteine von allen Seiten. Verunsichert stand der Mann daneben, seine Frau schaute betreten zur Seite, einige umstehende Personen reckten neugierig die Hälse.

„Da haben sie aber Glück gehabt", urteilte Valerie schließlich, „Wären wir in einer Bäckerei, müssten sie das jetzt kaufen. Nur ist das hier ein Unikat für fünf tausend Euro." Der Mann schluckte.

„Wir haben uns nur gefragt, ob das vielleicht ein Druck ist", erklärte er leise und blickte hilfesuchend zu seiner Frau, die lieber gar nichts sagte.

„Wir verkaufen hier generell keine Drucke auf Leinwand, wenn Sie daran interessiert sind, besuchen Sie den Fotoladen auf Deck neun."

Sichtlich betreten trollten die Bildgrabscher zur Bar, wo ich nun auch Lea bei ihrer Willkommenstour entdeckte.

Ein Kribbeln zappelte von meinen Fingerspitzen über die Arminnenseiten auf meine Brustwarzen. Sie fotografierte drei Frauen mit ihren Begrüßungscocktails, dann ein junges Paar. Die Frau im Blümchenkleid lehnte ein Foto kopfschüttelnd ab, sodass sich Lea an den Bartresen stellte und auf neue Gäste zu warten schien. Einer der Barkeeper blieb vor ihr stehen. Ein großer schwerer Typ mit dunklen Haaren. Die beiden lachten über irgendwas. Lea neigte sich zu ihm vor, berührte sich am Hals, fuhr sich an der Stirn durchs Haar. Kein Zweifel, dass sie den Typen attraktiv fand. Der Korn in mir kochte brodelnd zornige Gedanken hervor. Sie musste wissen, dass ich hier stand. Wo sollte ich sonst am ersten Reiseabend sein, wenn nicht in der Galerie?

Unterm Tresen gab mir Valerie einen kleinen Schubs. Widerwillig meißelte ich meinen Blick von Lea los und sah auf der anderen Seite die vergoldete Vielfahrerin. Dunkelblaues paillettenbesticktes Abendkleid, Highheels, neben ihr ein Mann im Smoking unter dessen Arm sie sich eingehakt hatte. Das Paar sah ziemlich edel aus, aber ich verstand nicht genau, was so besonders daran war, bis sie näherkamen und ich den Typen dahinter entdeckte. Ein dicker Mann in weißem Bademantel schlurfte in Adidas-Latschen mit einem vollen Bierglas in der Hand hinter ihnen her. Er sah aus wie der gespielt gleichgültige Komiker einer schlechten Zirkusnummer. Die blaue Paillettenfrau wedelte noch einmal mit ihrer Bordkarte zu uns herüber, ihr Mann nickte höflich, der Bademantel-Typ rülpste leise. *Schiffsleben.*

> *Kreuzfahrtschiffe sind eine Arche für jede Spezies, auch die, von deren Existenz du bisher nichts wusstest.*

Joseph: Osteuropa in Neapel

Am frühen Morgen hatte das Schiff in Neapel angelegt, ich stand an der Reling und blickte auf das Festland. Souvenirverkäufer fielen über die Passagiere her wie Frösche über Fliegen. Viele kauften kleine Beweise für ihren Besuch, dabei waren sie gerade mal zwanzig Meter über den Pier gelaufen.

Es würde mein viertes Mal in Neapel sein. Ich mochte die Stadt, sie war fußläufig gut zu erkunden, ein Spazierweg die Küste entlang, kleine Gassen mit Wäscheleinen bespannt und die vielen Scooter auf den Bürgersteigen, wie sie so typisch für Italien sind. Die *rollenden Italiener* hatte meine Mutter sie damals genannt, wenn sie uns im Schaschlikspieß besuchte und mein Bruder und ich sie mit Fragen löcherten. Wie sehen Italiener aus, waren sie kleiner, größer oder dicker, hatten sie mehr oder weniger Hunde, was für Autos fuhren sie. Jede Heimkehr war ein inquisitorisches Spiel der immer gleichen Fragen über diesen für uns so fernen Planeten Italien. Der Liebesbeweis unserer Mutter waren ihre verrückten Antworten, die sie pro Besuch um ein kleines Detail erweiterte.

„Italiener gehen nicht zu Fuß, weil sich an ihren Beinen

zwei motorisierte Räder befinden", hatte sie anfangs gesagt, also bettelten wir: „Erzähl uns von den rollenden Italienern, biiitte."

„Nagut", sagte sie dann, „könnt ihr euch vorstellen, die rollenden Italiener essen den ganzen Tag ausschließlich Pasta, morgens, mittags, abends."

„Auja", riefen wir begeistert.

„Und weil sie so viele Nudeln essen, wachsen den Männern Spagetti aus den Bärten, die wild flattern, wenn sie auf ihren Rädern durch die Straßen brausen und die hübschen Frauen anschauen. Italienische Frauen sind nämlich sehr schön, denn sie haben so rote Lippen wie Tomatensoße." Obwohl mein Vater sie immer wieder ermahnte, uns nicht so einen Unsinn zu erzählen, war ich tatsächlich etwas enttäuscht, als ich vor vielen Jahren die ersten Italiener traf.

Der Pager an meinem Gürtel piepte: das Zeichen, dass die meisten Passagiere an Land waren und die Besatzung das Schiff verlassen durfte. So war das immer, wir gingen als letztes von Bord und mussten als erste wieder zurück sein.

Beck wartete bereits am Ausgang. Cowboyhut, Talismanbehang, Jeansweste, volle Montur. Missmutig nickte er mir zu. Wir hatten beide nicht mehr als ein oder maximal zwei Stunden geschlafen. Damenbesuch in der Lava Lounge, sein Konzept ging tatsächlich auf. Doch Müdigkeit hin oder her, eine Chance wie Neapel wollten wir uns nicht entgehen lassen.

Ein Brummen hinter uns: „Kummts Leitln, mia hom ned den gonzn Tog." Auftritt Mozart. Er schob uns zum Ausgang. Mozart hieß eigentlich Marcus und sah überhaupt nicht aus wie Mozart, aber wie der Musiker stammte er aus Österreich und brachte zu jedem Vertrag

Mozartkugeln mit an Bord. Ich kannte ihn seit meinem ersten Vertrag. Mit zehn Jahren Seabird-Dienst gehörte er zum alten Eisen der Besatzung. Wahrscheinlich würde er sogar seinen Altersabend in der Weinbar verbringen und in seiner schwarzen Schürze behäbig Rotwein gurgeln, jedenfalls konnte ich ihn mir kaum woanders vorstellen. Die Passagiere liebten ihn, er sah aus wie der Winzer ihres Vertrauens und sorgte damit für den meisten Umsatz an der Bar. Einige seiner Stammgäste wählten ihre Reisen sogar nach seinem Einsatzplan aus, ihnen war es egal, über welches Meer das Schiff gerade schipperte, solange Mozart sie in seiner Weinbar empfing wie ein alter Freund in seinem Wohnzimmer.

Vom Pier führte ich die beiden zu einem nahegelegenen Restaurant, das ich bei meinem letzten Besuch entdeckt hatte. Gemächlich schlenderten wir durch das Postkartenidyll. Keinerlei Hinweise auf die Slums der Außenbezirke oder die Machenschaften der Mafia in den fotogenen Straßen. Im Augenwinkel beobachtete ich die älteren Frauen in ihren Fensterrahmen, die Wäscheleinen bestückten oder miteinander plauderten. Ich wusste nicht, ob meine Mutter noch in Italien lebte oder ob ich sie überhaupt erkennen würde, doch wie bei jedem Besuch spürte ich diese angespannte Erwartungshaltung, ihr jeden Augenblick über den Weg zu laufen. Sie würde mich erst überrascht anschauen und dann mit ihren Lippen so rot wie Tomatensoße leise *Băiatul meu* schluchzen, ihre arbeitsstarren Finger würden mir wie früher auf die Wangen drücken, vielleicht würden wir uns sogar umarmen, so überrascht von dieser schicksalhaften Fügung. Sechzehn Mal bin ich in Italien gewesen, bisher war das noch nicht passiert.

„Letzte Nocht, i sogs eich." Mozart fuhr mit seinen Händen die Silhouette einer Frau entlang. Wir saßen an einem der Holztische auf dem Bürgersteig vor dem Restaurant, der Kellner war gerade mit unserer Bestellung ins Innere verschwunden. „Seit vier Nächten hob i nimma in meim Bett gschlofen, on den Luxus kennt i mi gwena. Und bei eich? Wie läufts in der" – Schmunzeln – „Lava Lounge?"
„Du schläfst in einem anderen Bett und wir überhaupt nicht." Ich zwinkerte. Aus Mozarts Kehle grollte ein Lachen hervor. Daraufhin stand Beck so ruckartig auf, dass sein Stuhl gegen die Sitzgarnitur dahinter schepperte.
„Ich brauch mal ein bisschen Zeit für mich. Sorry Mozart." Er fummelte ein Geldbündel aus seiner Hosentasche, warf einen 20 Euro Schein auf den Tisch und zischte davon. Nachdem sein Cowboyhut in der Menschenmenge am Ende der Straße untergegangen war, warf Mozart mir einen fragenden Blick zu. Ich zuckte mit den Schultern, dabei war mir klar, dass letzte Nacht nicht optimal verlaufen war.

Beck hatte zwei Damen aus dem Spa-Bereich zu uns eingeladen. Wir hatten einen als Bruchware deklarierten Rum und ein paar Limetten von der Bar mit auf die Kabine geschmuggelt. Cuba Libre Abend in der Lava Lounge, kuscheliges Licht, Chillout Musik. Allen war klar, dass da was laufen würde. Aber irgendwie und ich schwöre, ich weiß nicht genau, wie es dazu kam, hab ich mit beiden Frauen geschlafen und er, nun ja, mit keiner. Anfangs war er mit dabei. Unsere Konstellation hatte eine ziemlich angenehme Dynamik. Er die Blonde, ich die Brünette, alles wäre gut gewesen. Vielleicht hatte er keinen hoch bekommen, was weiß ich. Irgendetwas war jedenfalls schief gegangen.

Ein paar andere Besatzungsmitglieder trafen im Restaurant ein. Die blonde Rezeptionistin, die immer mit den Technikern rumhing und die Bordfloristin. Hin und wieder liefen auch ein paar Gäste vorbei. Im Grunde war es an Land immer auch wie auf dem Schiff. Wenn dreitausend Menschen in das Zentrum einer Stadt gespuckt werden, läuft man zwangsläufig immer irgendwem über den Weg, aber mit der nächsten Begegnung hätte ich wirklich nicht rechnen können.
Gerade hatte der Kellner das Essen gebracht, konzentriert wickelte ich Tagliatelle auf meine Gabel.
„Joseph, wie schön dich wiederzusehen." Weibliche Stimme, starker osteuropäischer Akzent. Erschrocken blickte ich auf.
„Freust du dich nicht?"
Mozart lachte lautlos, indem er Luft durch seine Nasenlöcher stieß. Ich musste ziemlich bescheuert geguckt haben, und das eine ganze Weile lang, denn irgendwann sagte er einfach:
„Bitte, meine Dame, setzen sie sich doch. Hoaben Sie Hunger? Es gibt reichlich Essen." Er deutete auf Becks leeren Stuhl und schob der Frau die zweite Pizza entgegen. Ich ließ meine Gabel auf den Teller sinken, mein Einverständnis interessierte hier niemanden.
„Bist du nicht nach Hause geflogen?" Angestrengt versuchte ich, mich an Osteuropas Namen zu erinnern. Wenn ich doch nur Notizen zu den Strichen machen würde.
„Doch, aber zuhaus ist so langweilig. Hier viel mehr Spaß!"
„Und dein Mann?"

„Ach der. Immer Arbeit Arbeit. Weißt du, ich mach die Reise einfach nochmal. Ich dachte, es wäre schön dich wiederzusehen, Joseph." Mir schwante nichts Gutes.

„Gnä' Frau", entgegnete Mozart amüsiert, „deafat i ihna a Schluckerl Wei' eischenken? Amalfiküstn, bezaubernd elegantes Bukett, genau wia Sie ans san. Joseph, du schaust aus, ois kenntas du nu an Schluck vertrogn."

„Auf eine wunderbare Reise!" Sie prostete uns zu.

Sie hatte eben erst eingecheckt, zufällig hatte es genau noch eine freie Suite gegeben. Mitten in der Reise aufzusteigen, war sehr ungewöhnlich, doch mit dem nötigen Trinkgeld nicht unmöglich. Ivanka, so hieß sie. Als sie sich Mozart vorstellte, war ich mir nicht sicher, ob ich ihren Namen überhaupt kannte. Unser Treffen vor einigen Tagen – erst nachmittags beim Kaffee in der Lounge und dann abends an der Poolbar – ihre Haselnussaugen, Cosmopolitan, Berührung meiner Hand als sie mir die Bordkarte reichte, wie immer war alles sehr schnell gegangen, ihren Namen hatte sie nie gesagt.

Ivanka stammte aus einem kleinen Dorf in Weißrussland, ähnlich meiner Heimat im Schaschlikspieß, nur dass ihr Vater keine Werkstatt besaß und mehr Vodka trank. Mein Englisch war ihr Deutsch gewesen, ihre Karte nach draußen. Auf deutschen Messen präsentierte sie Autos, Küchengeräte und Mobiliar. Behutsam über die Motorhaube streicheln, lächelnd auf einem Sofa sitzen.

„Und mein Mann", erklärte sie, „hat nicht nur das Sofa, auch gleich mich mit nach Hause genommen." Sie lachte blechern, als sei ihre Lebensgeschichte der schlechte Scherz einer anderen. Ihr Mann, Einrichtungsberater der oberen 10.000, Aufträge in ganz Europa, bot ihr ein luxusgesegnetes Leben, das sie schließlich zu mir auf das Schiff geführt hatte.

„Joseph, du bist so still!" Ivanka verschränkte ihre Arme vor der Brust.

Mozart, freudig erregt, verstrahlte die gleiche erwartungsvolle Anspannung, als würde er eine nachmittägliche Soap im Fernsehen schauen. Ich hatte schlechte Laune. Der eine große Vorteil an Sex mit Gästen war, dass sie danach das Schiff verließen. Hätte ich dauerhaft ein und dieselbe Frau an meiner Seite gewollt, hätte ich auch zuhause bleiben können. Auch dort wurde ständig mein Verhalten kommentiert. Ich nahm einen großen Schluck Wein. In wenigen Tagen würden wir die dreiwöchige Überseefahrt in den Orient angehen. Neue Gäste, keine Ivanka.

Auf dem Weg zurück zum Schiff liefen wir zu dritt die Küste entlang. Das Meer schwappte in kleinen Wellen gegen verkrustete Felsen neben uns, dieser typische Geruch von Seetang, krepierenden Krebsen, in der Ferne ausgelaufenem Öl und verdunstetem Salz, der einen sofort an Strandurlaub erinnert, Sonnenbrillenverkäufer auf dem Gehweg. Die Gedanken an meine Mutter waren in ihre übliche Distanz zurückgekrochen.

„Ah, da homma jo den Schriftstöla." Mozart zeigte Richtung Meer, wo Beck im Schneidersitz auf einem der Steine am Strand thronte und in ein Notizbuch schrieb.

„Schriftsteller?", fragte ich überrascht.

„Hotta dir ned dazöt, dass er a Buach schreibt?" Ich schüttelte mit dem Kopf. Das Notizbuch hatte ich in der Kabine gesehen, mir aber nichts weiter dabei gedacht, immerhin besaß ich selbst eines.

„Na, des is a gonz a intelligenter, der Beck. Der kummt bestimmt nuamoi groß ausse. Werds scho nu seng."
„Herr Mozart, so schöner Dialekt", trällerte Ivanka und hakte sich bei dem opulenten Österreicher unter. In der Tat wusste ich nicht viel über Beck. Wenn wir miteinander redeten, dann über Frauen oder Geschichten, die uns bei früheren Einsätzen passiert waren, was meistens das Gleiche war.
„Herst Beck", rief Mozart, „mia miassn wieder zruck." Er tippte auf seine Uhr neben den klammernden Armen der Osteuropäerin. Beck schaute auf, schüttelte mit dem Kopf und wedelte abweisend mit seiner Hand, um sich dann wieder seinen Notizen zuzuwenden.
„Irgendwos hotta heit."
„Ich hab sowieso nur zwei Arme", entgegnete Ivanka. Ihre Hand schnappte sich meinen rechten Oberarm, sodass sie gleichsam Ungarns wie ein Bindeglied zwischen mir und dem Österreicher hing. Allerdings besaß auch diese Allianz in meinen Augen keine Daseinsberechtigung, sodass ich ihre Hand sofort herunterstreifte.

„Ivanka, das weckt viel zu viel Verdacht. Für das, was wir gemacht haben, könnte ich gefeuert werden", sagte ich so streng wie möglich. Es galt nun, wichtige Grenzen zu setzen, um in dieser unübersichtlichen Situation nicht die Kontrolle zu verlieren. Doch Ivanka zeigte sich unbeeindruckt.
„Für das, was wir gemacht haben, würde ich in anderen Ländern gesteinigt werden", zwitscherte sie und tätschelte mir über die Wange als wäre ich ein Hund.

An Land ist's immer auch wie auf dem Schiff.

Maya: „Ich habe noch eine Flasche Champagner auf meiner Kabine"

In den Weintanks des Schiffes könnte ein Nichtschwimmer ohne Probleme ertrinken. Sie stehen in keiner Relation zu irgendwelchen Badewannen, sondern haben das Fassungsvermögen von Swimmingpools, auch wenn die Form eher an kleine U-Boote erinnert. Ein rotes und ein hellgelbes U-Boot. Karsten, der Staff-Kapitän, der Typ, der den Kapitän in Notsituationen vertritt, also fast wie der Kapitän ist, aber irgendwie doch nicht ganz, obwohl er es sicher gerne wäre, hatte mir einen umfangreichen Rundgang über das Schiff gegeben. Gemessen an der nicht mehr ganz straffen Haut und der bereits halb ausgefahrenen kahlen Marquise auf seinem Kopf, war Karsten ungefähr zehn Jahre älter als ich. Nicht, dass ich wirklich Interesse an ihm gehabt hätte, das schlaksige Auftreten und die große Nase über dem zurückliegenden Kinn, er sah aus wie der Cartoon-Goofy in weißer Uniform. Aber wer schlägt schon einen Schiffsrundgang aus? Ich sicher nicht. Immerhin war ich gekommen, um diesen Apparat bis ins kleinste Detail kennenzulernen, was gar nicht so leicht war, da sogar mir als Mitarbeiter der Zugang zu vielen Orten verwehrt war.

Eigentlich hatte Karsten mich nur auf die Brücke eingeladen, also was heißt nur, in meiner Vorstellung war das schon ziemlich beeindruckend. Aber wie ich dann dort oben stand, mehrmals durch das Fernglas geguckt, mein *ah* und *oh* zu den ausgedienten Seekarten abgegeben hatte, mir von Karsten enthusiastisch erklären ließ, wie sich die Entfernung eines Punktes am Horizont anhand unserer Blickhöhe berechnen ließe – eine Formel, die ich schon zwei Minuten später wieder vergessen hatte – und in seinem großen Kapitänssessel Platz nahm, um mir zum Amüsement der zwei umstehenden Offiziere von ihm einen Kaffee servieren zu lassen, erinnerte mich diese Brücke – die überhaupt nur Brücke heißt, weil früher der Kapitän der Raddampfer auf einem Steg zwischen den Rädern stand – viel mehr an ein großes Wohnzimmer mit ungewöhnlich vielen Knöpfen auf der Fernbedienung neben den Bildschirmen.

Dieses riesige Schiff wurde tatsächlich nur von einigen Tasten gesteuert, vorausgesetzt natürlich, der Autopilot war ausgeschaltet. Denn im Grunde steuerte sich das Schiff die meiste Zeit selbst, indem es eine vom Bordcomputer ermittelte Route entlangfuhr und wie Karsten erklärte, nur in Ausnahmesituationen tatsächlich manuell gefahren wurde. Und das war vor allem beim Ein- und Ausparken, das konnte das schwimmende Hotel noch nicht selbstständig.

Insgesamt war ich nur mäßig beeindruckt. Was taten sie den ganzen Tag auf dieser Brücke? Ich kam meistens nicht dazu, aus dem Galeriefenster zu schauen und sie wurden genau dafür bezahlt. Tief durchatmend stellte ich meine

leere Kaffeetasse auf den Unterteller neben das hübsche Blumenbouquet, das über der Anzeige des Tiefenmessers thronte. Karsten schien zu spüren, dass mein Erkundungsdrang noch nicht gesättigt oder ich jedenfalls in irgendeiner Hinsicht unbefriedigt war, denn gleich darauf bot er mir einen zweiten Rundgang an:
„Willst du meine Kabine auch noch sehen?" Eine verschmitzte Erwartung schimmerte in seinen Goofy-Augen. Seine Kabine lag genau wie die des Kapitäns direkt hinter der Brücke, also nur ungefähr zehn Schritte von uns entfernt. Eine waghalsige Situation, natürlich hätte ich mir gerne angeschaut, in welch Opulenz das zweithöchste Tier an Bord hauste, aber zu welchem Preis? Ich schwieg.
„Normalerweise empfange ich kaum Besuch bei mir", fuhr er fort, „Zu jedem Vertragsbeginn steht ein großer Präsentkorb mit Pralinen und Champagner in meinem Wohnzimmer, die Flasche liegt jetzt einsam im Kühlschrank. Glauben die ernsthaft, dass ich allein ne ganze Pulle Schampus trinke?"
Hatte er gerade Wohnzimmer gesagt? Mein Interesse stieg, genau wie das Alarmsignal meines Flachlegungs-Frühwarnsystems. Champagner wurde hier nie ohne Grund erwähnt. Früher tranken Seemänner Bier und Rum, statt über Wochen gammelig gewordenes Wasser. In der Kreuzfahrt gab es ein weiteres magisches Elixier, das wie eine Untergrundwährung auf offenem Gewässer gehandelt wurde: Champagner!

In der Kunstgalerie war das Sprudelgesöff sogar unlängst zum Verkaufsargument erkoren worden.
„Ich nehme das Bild nur, wenn ich auch noch zwei Fla-

schen Moët Ice dazu bekomme", hatte ein junger Yuppie herausfordernd über den Tresen genäselt und sich partout nicht davon abbringen lassen. Dabei sollte man meinen, dass jemand, der sechstausend Euro für ein likörgetropftes Udo Lindenberg-Bild ausgibt, das nötige Kleingeld für den Status angemessenen Trunk in der Urlaubs-Sockenschublade zu liegen hat. Aber Champagner war eben nicht nur Getränk, sondern auch protziges Symbol der Wertschätzung. Jeder Offizier, sogar Valerie, bekam daher eine Flasche zum Vertragsbeginn geschenkt. Alle anderen Mitarbeiter, nicht.

„Ich hab' noch eine Flasche Champagner auf meiner Kabine", war der meist genutzte Anmachspruch an Bord. Sogar ich hatte ihn schon zwei Mal gehört, da das Gerücht von Lea und mir nicht zu allen Mitarbeiterschichten durchgedrungen war.

Es gab die Handlanger im Hintergrund, die meist ein Küchenmesser, einen Farbpinsel, einen Wischmobb oder auch eine Glühbirne in der Hand hielten, sowie alle diejenigen, die direkt zwischen den Gästen arbeiteten und die verschiedenen Grade der Offiziere, die ihre jeweilige Abteilung leiteten. Bei Seabird wurde zwischen nautischen und Entertainment-Offizieren unterschieden. Das heißt, nur weil die Floristin einen Offiziersstatus hatte, durfte sie nicht gleich das Schiff steuern, pardon: einparken. Das war den nautischen Offizieren und den einenhalb Kapitänen vorbehalten. Was nun Gerüchte und Informationen anging, verließen diese, wie ich mitbekommen hatte, selten die jeweilige Arbeiterklasse. Es sei denn, irgendein Mäuschen ging auf das Angebot mit dem Champagner ein, sodass ein vielschichtiger, Ebenen über-

schreitender Austausch zustande kam.

Karsten hatte keine Kenntnis von den sporadischen, aber immer elektrisierenden Zusammentreffen von Lea und mir.

„Wo wird dieser ganze Champagner eigentlich eingekühlt?", fragte ich schließlich.

Irritiert hob Karsten seine dunklen Augenbrauen.

„In einem der 35 Kühlräume an Bord, nehme ich an. Soweit ich weiß, gibt es einen nur für Alkohol."

„Ach was", ploppte es aus mir heraus und ich sprang von seinem Sessel wie der endlich losgelöste Korken einer überdimensionalen Flasche. Wir lagen vor Neapel an Land, wie immer hatte es einen Grund gegeben, weshalb ich auf dem Schiff bleiben musste. Diesmal gehörte ich zu dem Viertel der Besatzung, das obwohl es nichts zu tun hatte, nur für Notsituationen an Bord war. Ich zog den kleinen Pager, der mir auch als Uhr diente, aus meiner Hosentasche.

„Ich hätte noch zwei Stunden Zeit. Ist dir nicht auch nach Abkühlung zumute?" Auffordernd zwinkerte ich ihn an.

„Nur weil du es bist", raunte er, obwohl wir uns überhaupt nicht kannten. Dann wählte er die Nummer des Offiziers für Lebensmittelversorgung, um unseren Rundgang anzukündigen. Tatsächlich zeigte mir Karsten am Ende fast das ganze Schiff. Beziehungsweise ließ er es uns zeigen, denn sogar er als halber Kapitän brauchte die Erlaubnis der jeweiligen Abteilungsleiter, um bestimmte Bereiche zu betreten.

Wir standen in einem nur mit Fleisch und Wurst gefülltem Kühlraum in der Größe der Wohnung meiner Eltern, was auf mich den Eindruck erweckte, dass an Bord wöchentlich die komplette tierische Population eines kleinen Landes wie der Schweiz verdrückt wurde. Ein Anblick, der mich ein bisschen anwiderte und zugleich traurig und irgendwie auch hungrig stimmte. Ein ähnliches Gefühl befahl mich auch in dem Raum für Milchprodukte, wo es stark ranzig roch und sich die Käseleiber bis an die Decke stapelten, sodass ich mich nun wirklich fragte, ob die Menschen in der Schweiz bald überhaupt noch irgendwas zu essen hätten.

Insgesamt hatten wir zehn, der im Schiffsbauch verteilten Kühlräume angeschaut und uns von dem dicken Lebensmitteloffizier, der, ob des spontanen Besuchs offensichtlich alarmiert, Karsten in jedem Raum die eingehaltenen Lagervorschriften aufzählte. Als ich die schwere Tür des Raums für Tiefkühlgemüse beiseiteschieben durfte, blickten uns erschrocken zwei Phillies durch den Plastik-Lammellenvorhang an. Mit Meißel und Hammer hockten sie, bei 25 Grad Außentemperatur, hier drinnen wie die Strafgefangenen eines Eskimo-Gefängnisses in Daunenjacken über zwei Eisblöcken, von denen einer bereits unverkennbar den hämisch grinsenden Kopf der Seabird-Möwe aufwies, während der andere eine Büste des Kapitäns darstellte. Was Karsten bei diesem Anblick wohl empfand? Gerade wollte ich seinen Gesichtsausdruck inspizieren, da schloss der Lebensmitteloffizier bereits ohne ein weiteres Wort die Tür. Niemand fragte, welche Vorschriften hier gerade eingehalten wurden.

Stattdessen standen wir kurz darauf vor den Wein-U-Booten und ich dachte mir, dass es ein ganz erträglicher Tod wäre, in so einem Ding zu ertrinken, als uns der Lebensmitteloffizier vom großen Kupferkessel gleich daneben herkommend, jedem einen kleinen Messbecher Bier in die Hand drückte.

„Hier an Bord gebraut", brummte er und gönnte sich einen ordentlichen Schluck. Ich schwenkte das urinfarbene, meeresschaumgekrönte Gebräu in seinem Becher. Auf jedem Seabird-Schiff gab es eine kleine Brauerei, die ihr eigenes Bier mit gefiltertem Meereswasser herstellte. Zieht man den allein schon historisch bedingten Bierkonsum auf See in Betracht, erscheint das ziemlich logisch, allerdings war dieses Seefahrerbier ausschließlich den Gästen vorbehalten. Das Bier musste seinen Reifegrad noch nicht vollständig erreicht haben, denn es präsentierte sich außergewöhnlich süß und malzig auf meiner Zunge.

„Schmeckst du das Meer?", fragte mich Karsten, der seinen Messbecher ungekostet wieder zurückreichte. Erst dachte ich, er meine damit das Salz oder vielleicht einen Hauch Alge, doch wenig später hatte ich eine ganz andere Vermutung. Denn nach unserer kleinen Kühlschrank-Tour statteten wir auch noch dem Maschinenraum einen Besuch ab. Wobei das Wort Raum hier stark untertrieben war, da sich die großen Zylinder, Röhren, verschiedenfarbigen Leitungen und die engen, verwinkelten Gänge daneben, über mehrere Ebenen erstreckten. Es war schweißtreibend warm und obwohl wir im Hafen lagen, vibrierte das Dröhnen rotierender Motoren um uns herum und ich konnte nicht fassen, dass diese Industriestadt täglich unter meinen Füßen verborgen lag. Tatsächlich erkannte ich hier unten sogar einige der in blaue Overalls gehüllte Personen. Ich hatte sie in den Crew-Bereichen gesehen, ihnen *Hallo* gesagt, wie man es eben tat, und überhaupt nicht darüber nachgedacht, wie anders ihr Leben an Bord sein musste, hier unten ohne Urlaubsgäste, Tageslicht oder frische Luft.

„Willkommen im Herzen des Schiffes", brüllte Lubosh, Jessicas blonder Hüne, als er mich näherkommen sah. Mit seinen Pranken strich er über die metallenen Eingeweide. „Endverwertung." Er klopfte mit seinem Zeigefinger gegen eines der Rohre, doch man hörte nur die Motorengeräusche.

„Dort wird der Müll verbrannt und da drüben die Kacke getrocknet", rief Karsten ergänzend. Er deutete auf zwei Arten von Industriebacköfen, in dem einen loderte eine kleine Flamme hinter dem verruchten Fenster. Ich hätte eine Milliarde Fragen stellen wollen, doch Karsten schob mich weg von Lubosh und den Exkrementen weiter zum Treibstofflager, das noch größer war als die Wein-U-Boote. Anschließend gingen wir zu den Stabilisatoren, die wie riesige Flügel bei starkem Seegang unter Wasser ausgefahren wurden und hier wie demontierte Rotorblätter einer Windkraftanlage auf ihren nächsten Einsatz warteten.

Am Ende der Tour standen wir vor einem Aquarium. „Was machen die Fische hier?", fragte ich überrascht. Mitten im Schiffsbauch tummelten sich hinter den Glasscheiben kleine bunte Flossentiere über einer Plastikschatztruhe und grünen Schlingpflanzen, die aus Kieselsteinchen emporwuchsen. Auf der Wasseroberfläche schwamm ein kleines Kreuzfahrtschiff, an einer der Scheiben saugte der Flutsch-Mund eines Welses.

„Die testen das Brackwasser", erklärte Karsten, „wenn die mitm Bauch nach oben schwimmen, wissen wir, dass was

mit unserem Abwasser nicht stimmt."
„Das heißt, das Wasser von den Duschen und Waschmaschinen, der ganze Urin fließt einfach ins Meer?"
„Vorher wird es natürlich gefiltert", erwiderte er gelassen.
„Genau wie das Seefahrerbier", sagte ich daraufhin und verstand, warum er keine Kostprobe genommen hatte.
Karsten nickte. „Genau wie das Seefahrerbier."

Schließlich bin ich doch noch mit auf seine Kabine gegangen. Sie war ungefähr so groß wie der Kühlraum für das Fleisch, mit einem riesigen Flachbildschirm im Wohnzimmer, einem kleinen Balkon, einem Schlafzimmer mit Doppelbett, in dem es sich sicherlich wunderbar träumen ließ und einem Bad mit einer richtigen Badewanne, die vier Mal so viel Platz einnahm wie mein komplettes Badezimmer, in dem die Ecke mit der Dusche gleichzeitig die Ecke mit der Toilette war. Und wie ich daraufhin meinte, meine Pause wäre vorbei und ich mich unglaublich bereichert fühlte, Karsten aber mit einer leichten Enttäuschung in seinen Augen nicht mehr den Champagner in seinem Kühlschrank ansprach, tat er mir fast ein bisschen Leid, dieser halbe Kapitän in seiner riesigen Kabine.

Wenn du denkst, du bist arm dran,
besuch die Fische im Maschinenraum.

Joseph: Die Unausweichlichkeit der Passagiere

Ivanka war überall. Egal an welcher Bar ich eingeteilt war, sie tauchte auf. Ein paar Mal hatte sie mich verschont und sich nur halb im Vorbeigehen ein Getränk bestellt, dann wiederum konnte sie stundenlang am Tresen sitzen, einen Cosmopolitan nach dem anderen schlürfen und selbst wenn sie dabei mit anderen Gästen plauderte, fühlte ich mich permanent beobachtet.

Sie war keine Stalkerin, sondern eigentlich ganz harmlos, eine gelangweilte Ehefrau, dachte ich, wie ich sie schon mehrmals erlebt hatte, auch wenn noch nie eine extra zurückgekommen war. Würde ich mich eben ein paar Tage einschränken, was solls. Aber ich hatte nicht damit gerechnet, wie eingesperrt ich mich fühlen würde, wie ein Tier im Zoo, nur dass mein Käfig der Tresen war. Wollte ich sonst einen Gast loswerden, wurde ich etwas unhöflich, benahm mich abweisend oder gab die Bestellung weiter. Trinkgeld hin oder her. Doch alle meine Kollegen wussten, dass Ivanka wegen mir an der Bar auftauchte und machten sich einen Spaß daraus.

„Joseph, da kommt deine Freundin", hatte sogar mein Chef gesagt. Noch dazu hatte sie mich im Birdclub lauthals lallend *Shokoladnaja Izyumka*, ihr Schokorosinchen, genannt. Eine Steilvorlage für die Jungs an der Bar.

Danach hatte ich behauptet, ich wäre zu müde, um nach der Arbeit auf ihre Kabine zu kommen. Das war nicht einmal wirklich gelogen, denn im Grunde litt man bei Seabird sowieso immer unter Schlafmangel. Ich verbrachte zwei Nächte ausschließlich im Crew-Bereich, ließ mich von den Jungs grölend *Shokoladnij* nennen und zählte mehrmals am Tag die Stunden bis Ivanka verschwand und ich meine Freiheit wiedererlangte. So hatte ich mich bis zum letzten Reisetag gehangelt und dachte, das Schlimmste wäre überstanden, aber schon wieder überraschte sie mich.

Es war früher Abend, ausgelassene Stimmung auf dem Pooldeck, die Jungs eines Sportvereins testeten die Fitness ihrer Leber.

„Bier für alle", rief ein Augenbrauen-gepiercter Typ der Mannschaft.

„Kleine oder große?" Ein Kerl im Muskelshirt rülpste lautstark, hysterisches Gelächter.

Über den Rand des Zapfhahns sah ich Ivanka auf die Bar zulaufen. Enges rotes Kleid, tiefer Ausschnitt, der Leberfleck an ihrem Schlüsselbein so groß wie eine Schokorosine.

„Kannst du sie nicht bedienen?", flüsterte ich zu Beck. Er raunte nur: „Man, ich hab ganz andere Probleme" und starrte auf die Cocktailliste. Unser Chef hatte ihm vor der Überseefahrt eine Nachprüfung aufgedrückt. Er und José sollten ausgewählte Testcocktails mixen und Beck musste vorher noch ein paar Rezepte auswendig lernen. Kein Wunder, dass der Gliding Dolphin bei ihm ab und zu hellblau und andere Male leicht grünlich aussah. Ein Unterschied, der natürlich auch den Gästen auffiel.

Ivanka setzte sich ans linke Ende der Bar, ich nickte ihr zu, sie zündete sich eine Zigarette an, Beck murmelte Zentiliterangaben vor sich hin und durch die Vereinsmannschaft drängte sich diese adrette Brünette, mit der ich am Anfang der Reise – vor Ivanka – viel geflirtet hatte. Perlenohrringe, weiße Seidenbluse, vielleicht war sie Anwältin oder Richterin. Bisher hatte sie die nötige Dominanz dazu versprüht, aber irgendwas war jetzt anders. Ich goss ihr einen Whiskey ein. Sie spielte an den losen Strähnen in ihrem Nacken, wirkte als ob sie etwas sagen wollte, brach aber noch vor dem ersten Wort ab, sodass sie mehrmals hintereinander merkwürdig tief einatmete. Ich blickte sie fragend an und spürte gleichzeitig Ivankas glühende Augen.

„Ähm", stammelte die Frau mit den Perlenohrringen ungewöhnlich schüchtern, „Ich habe hier 'All inclusive' gebucht, gehörst Du auch mit dazu?" Ihre Wangen hatten plötzlich den Farbton von Cranberry-Saft, jegliche Dominanz wich dem Ausdruck eines scheuen Rehleins. Wahrscheinlich hatte sie extra bis zum letzten Tag mit dieser Frage gewartet. Ich liebte solche Augenblicke. Überall anders auf der Welt hätte sie mich wahrscheinlich nicht einmal wahrgenommen, doch hier, hinter diesem Tresen wurde ich zum Objekt der Begierde für Frauen, die sonst nur mit Rolex Uhren und Designerschuhen verkehrten.

„Von All inclusive würde ich besser Finger lassen." Ivankas krächzende Stimme hatte die trockene Sachlichkeit eines Mafioso. Das Rehlein mit den Perlenohrringen erstarrte bewegungslos als wäre die osteuropäische Invasion ein heranfahrendes Auto mit eingeschalteter Nebelschlussleuchte. Für einen kurzen Augenblick hätte Schweigen geherrscht, wären wir nicht auf einem Kreuzfahrtschiff umgeben von betrunkenen, grölenden Möchtegernmachos gewesen. Beck nahm mir die Whiskeyflasche aus der Hand und kippte die doppelte Menge in das

Glas. Im Hintergrund johlten die Vereinsmitglieder „der Sieg wird unser sein" und irgendetwas, das ich nicht verstand. Mit den Worten „All inclusive" schob er dem Reh den Whiskey entgegen. Ich zuckte entschuldigend mit den Schultern und reichte ihr die ungenutzte Bordkarte zurück. Zu gern hätte ich in diesem Augenblick mit einem Luftgewehr auf Ivanka gefeuert und sie von ihrem Hocker gehauen wie das Ziel einer Schießbude auf dem Jahrmarkt. Das Rehlein verschwand in der Menge und die Jungs grölten: „Den Pokal holen wir, doch vorher erst das Bier."

„Get your shit together", zischte Beck diesmal auf Englisch und zapfte die nächste Vereinsrunde. Langsam goss ich Cranberry-Saft auf Vodka, wie ich es unzählige Male in dieser Reisewoche getan hatte und stellte, ohne irgendetwas zu sagen, das Glas vor Ivanka.

„Izyumka, wann sehen wir uns heute Nacht?" Ihre Stimme klang liebevoll. Sie setzte an, meine Hand zu berühren, brach jedoch auf halber Strecke ab.

„Ich bin immer noch ganz schön geschlaucht", antwortete ich und entfernte mich ein kleines Stück vom Tresen.

„Hartes Leben hier auf Schiff", sie zog an ihrer Zigarette, „Ich habe gefragt, ob du in Jordanien frei bekommen kannst."

Die Menge grölte: „Keiner kann uns schlagen, doch sollt es jemand wagen, dann wird er zweiter sein, denn wir sind der Verein…"

„Du hast was?"

„Ich würde gern mit dir spazieren durch Petra. Gibt viele einsame Höhlen dort. Und du brauchst doch wirklich mal eine Pause. Immer Arbeit Arbeit, das ist nicht gut.

Ständig müde. Ich habe heute deinen Chef gefragt, ob du einen Tag frei bekommen kannst."
„Der Sieg wird unser sein, denn wir sind der Verein…"
„Du bist zum Barchef gegangen und hast gesagt, ich wäre zu müde?" Einige Vereinsmitglieder starrten zu mir herüber, ich hatte sie wohl übertönt. Fassungslos drehte ich mich um, marschierte ans andere Ende der Bar, nahm Beck ein Caipirinha Glas aus der Hand und stampfte die Limetten darin zu Brei. Womit hatte ich diese Frau nur verdient? Wurde ich jetzt gefeuert? Wieder ein arbeitsloser Vater in Rumänien, das durfte nicht passieren. Dann die offensichtliche Frage: Warum war sie in Jordanien überhaupt noch an Bord? Mit dem Glas Limettenpampe in der Hand stapfte ich zurück.

Sie blickte auf den grünen Brei und sagte dann allen Ernstes: „Izyumka, bist du böse auf mich? Darüber musst du dich doch nicht aufregen." Schwer atmend versuchte ich, die Fassung zu behalten. Die über Tage gesammelte Wut brannte wie ein Feuerball in meiner Brust. Er wollte aufsteigen, den Käfig sprengen, aus mir herausbrechen wie ein lodernder Vulkan. Vielleicht war es auch die Wut der gesamten letzten Jahre. Mein Herzschlag war so erhöht, dass kleine schwarze Punkte in meinem Sichtfeld vor Ivanka auf und ab tanzten.
„Nicht aufregen?", schnaufte ich, „Ivanka, so ist das Leben hier: Sieben Tage die Woche, 13 Stunden am Tag, keinen Tag Pause. Zwischendurch ein netter Fick, um die Geister zu beleben und dann weiter. Du hast doch keine Ahnung und jetzt stehe ich vor meinem Chef als Weichei da."
Den Blick nach unten gerichtet, trank sie einen Schluck Cosmopolitan.

"Wir blasen euch den Marsch, und treten in den Arsch, der Sieg wird unser sein…"

"Wie lange fährst du denn noch mit?"

"Bis Dubai. Ich dachte, es wäre schön, wenn wir mehr Zeit miteinander haben."

Der Orient war das Ende unserer Überseefahrt, dem Herzstück eines jeden Vertrages: drei Wochen lang gutbetuchte Passagiere an Bord, von den vielen langweiligen Seetagen abenteuerhungrige Frauen. In der Regel lieferte eine Überseefahrt den Spaß, der die zwischenzeitliche Frage, ob das Schiffsleben wirklich die richtige Wahl war, wieder ausglich. Ivanka würde diese Freude blockieren wie eine ausgereifte Syphilis. Das würde ich nicht überstehen. Es musste eine Lösung her.

In einen guten Gliding Dolphin gehören: 2cl Rum, 4cl Vodka, ein großer Schuss Limettensaft, genügend Eis – sowie nicht mehr und nicht weniger als 1cl Blue Curacao.

Maya: Fester Boden unter den Füßen

Ich stand in der Reihe zum Auschecken und blickte durch den Ausgang auf das sonnengeküsste Festland. Neben dem Hafen gab es eine belebte Promenade, dahinter aneinandergereihte cremefarbene Häuser, große grünbewachsene Hügelketten im Hintergrund. Fast vier Wochen lang war ich durchgehend auf dem Schiff gewesen. Ich hatte neue Menschen kennengelernt, wilde Partys gefeiert und mich durch die Routine der immer gleichen Wochenabläufe ziemlich gut in meinen Job eingearbeitet. Das einzige, was ich noch nicht getan hatte, war irgendetwas von der Welt zu sehen. Mal abgesehen vom Blick auf die schillernden Wassermassen durch das Galeriefenster, die mir den Eindruck vermittelten, wir wären Bewohner der Einfassung einer übergroßen Badewanne.

Am letzten Reisetag vor Beginn der Überseefahrt hatte ich endlich frei bekommen. Das Schiff lag im Hafen von Katakolon, einem Dorf am westlichen Zipfel Griechenlands. Mir war klar, dass es wahrscheinlich kein besonders spektakuläres Ziel war, aber das war mir egal. Zum einen war ich froh, überhaupt das Schiff zu verlassen, zum anderen war es nicht mein erstes Mal in Griechenland. Mit meinem Philosophiekurs hatten wir bei einer Schulfahrt bereits Athen, Delphi und Olympia besucht und ich konnte mich noch gut erinnern, dass nach anfänglicher Begeisterung für die antike Baukunst, nach dem dritten Säulenbrocken alle irgendwie gleich aussahen. Damals hatten außerdem die Müllmänner in Athen gestreikt, sodass meine erste griechische Begegnung eine daumengroße Kakerlake war und wir nachts wegen des Gestanks die Hotelfenster geschlossen halten mussten. Alles in allem waren die Ansprüche an meinen ersten Ausflug also nicht besonders hoch und trotzdem freute ich mich wahnsinnig, das Schiff zu verlassen.

Die Besatzungsmitglieder in der Schlange vor mir checkten sich, einer nach dem anderen, mit ihrer Bordkarte am piependen Scanner aus und verließen das Schiff durch ein Drehkreuz Richtung Festland, bis nur noch drei Personen vor mir standen. Da die Zahl meiner Freunde auf dem Schiff immer noch verschwindend gering war, hatte ich leider niemanden gefunden, der ebenfalls frei hatte und mich begleiten wollte. Von den Kollegen hier kannte ich niemanden. Plötzlich ertönte ein Tröten vom Scan-Gerät, ein rotes Licht am Drehkreuz blinkte auf. Die Security-Frau am Scanner tippte auf die Bordkarte des Inders vor ihr und schüttelte mit dem Kopf. Offensichtlich hatte er Sperrtag. Mit gesenktem Haupt gestikulierte er seinen Freunden auf der anderen Seite des Drehkreuzes weiterzugehen, dann schlurfte er zurück ins Schiffsinnere. Nervös hielt ich der Frau schließlich meine Bordkarte entgegen. Sie blickte auf mein Foto, der Scanner piepte und mit einem „Have fun!" ihrerseits leuchtete die grüne Lampe des Drehkreuzes auf. Ich verließ das Schiff über die gleiche Gangway, über die ich es vor einem Monat in Barcelona betreten hatte und mich beschlich das Gefühl, ein ganzes Leben wäre seitdem an mir vorbeigezogen.

Über eine andere Gangway weiter rechts transportierten Männer auf Gabelstaplern neue Ware an Bord. Der dicke Lebensmitteloffizier stiefelte mit Stift und Klemmbrett zwischen den Paletten hin und her, riss Folien auf und zählte die verschiedenen Kisten.

Euphorisch durchquerte ich das kleine Hafenterminal. Der Geruch der bunten Blütensträucher am Rande der Promenade stieg mir in die Nase, noch nie hatte ich so einen einnehmend verführerischen Duft erlebt. Im letzten Monat waren die einzigen Pflanzen um mich herum die Blumengestecke der Floristin und die Plastikpalmen auf dem Pooldeck gewesen. Wie eine Hummel schnupperte ich mich berauscht von einem Strauch zum anderen, knipste schließlich eine violette Blüte ab und klemmte sie zwischen die Locken hinter meinem Ohr.

Auf der Promenade herrschte reges Treiben. Die Tische der Restaurants waren vollbeladen mit Besatzungsmitgliedern und Passagieren. Dazwischen ein Verkaufsstand nach dem anderen mit Hüten oder irgendwelchem Souvenirkram. Die Verkäufer trugen kleine Namensschilder mit den Landesflaggen der Sprachen, die sie beherrschten und für den Fall, dass wir das übersahen, sprachen sie mich und die anderen Spaziergänger direkt auf Deutsch an.
„Willkommen in Katakolon, ein Hut für die Dame?"
„Willkommen in Katakolon, griechisches Olivenöl, sehr gesund."
„Willkommen, kommen sie rein, schöne Kleider."
Schnellen Schrittes durchquerte ich die Promenade und versuchte, das Gewusel um mich herum zu ignorieren, denn was mich wirklich faszinierte, war der Boden unter meinen Füßen. Meine Tritte klangen hier anders. Sie schepperten nicht wie auf dem leblosen, kalten Stahl. Der Boden hier war massiv und vielschichtig und obwohl er sich nicht bewegte, spürte ich eine Lebensenergie von

ihm ausgehen, die meine Beine wie Wurzeln aufsogen. Dieses gefestigte Standgefühl, die Verankerung mit der Erde machten mir in diesem Augenblick klar, dass die Spezies Mensch nicht dazu bestimmt war, mitten in der der mediterranen Badewanne zu leben. Mein Körper brauchte die Verbindung zur Erde fast so dringend wie die Luft zum Atmen. Mit jedem Schritt fühlte ich mich freier und lebendiger. Die Sonne wärmte meine ausnahmsweise nicht in Polyester gehüllte Haut, ich brauchte kein Namensschild tragen und konnte, quasi von meinem eigenen Namen befreit, ganz ich selbst sein. Ich war ich und nicht nur die Seabird-Angestellte.

Wie auf Wolken spazierte ich über den unglaublich weichen Strandsand hinter der Promenade. Es war nicht warm genug zum Baden, daher war der Strand so gut wie leer. Getrocknete Algen, die an morschem Treibholz hingen, die Fußabdrücke von Vögeln, sachtes Wellenrauschen, keine klimpernde Fahrstuhlmusik wie sie überall an Bord gespielt wurde. Doch mit der Ruhe überfiel mich auch die Müdigkeit. Die Müdigkeit der Angestellten. Selten schlief ich mehr als fünf bis sechs Stunden pro Nacht und wenn es gut lief, eine weitere Stunde am Nachmittag in meiner Pause. Schlafen oder an Land gehen, Schlafen oder in die Crew-Bar gehen, Schlafen oder mit Freunden zuhause telefonieren, Schlaf war Rohstoff an Bord und noch kostbarer als Champagner. Ich rieb mir die brennenden Augen und spürte dabei deutlich die dicke Hornhaut auf der Kuppe meines rechten Zeigefingers.

Meine Unterarme waren übersät mit kleinen Kratzern von spitzen Bilderrahmen, meine Hände muskulös und von Schwielen überzogen. Im Grunde hatte ich den letz-

ten Monat damit verbracht, Haken anzuschrauben und Bilder umzuhängen. So war sie doch bei mir, die Angestellte, hatte Besitz von mir ergriffen und sich über meinen Körper gestülpt wie die schwitzige Polyesteruniform.

In einiger Entfernung saß ein Typ mit einem Cowboyhut im Schneidersitz auf dem Sand und meditierte. Deutsch im Dorf, Texas am Strand, *willkommen in Katakolon*. Das wirklich Aberwitzige lag allerdings hinter mir. Als ich mich umdrehte, um zurückzugehen, erschrak ich vor dem fett grinsenden Möwenkopf, der weit über das letzte Häuschen hinausragte. Das Schiff war aus der Ferne eindeutig größer als die bewachsenen Hügelketten um Katakolon. Wie ein invasiver Fremdkörper lauerte der riesige Koloss aus Stahl vor der Küste. Wäre der halbe Kapitän nicht so gut im Einparken, wäre der Möwenkopf ohne Probleme in der Lage gewesen, das kleine Dorf unter sich platt zu walzen.

Zu gern hätte ich bei diesem Anblick mit Gespött auf die Menschen reagiert, die auf einem Hotel über das Meer fahren, mittags in einem griechischen Dorf auf Deutsch einen Hut kaufen und danach im Restaurant ein Gericht nach dem Bild in der Speisekarte bestellen, sich freuen, beim Eis-Essen dem serbischen Seabird-Tänzer zu begegnen und sich am Ende des Ausflugs einen Magneten für den heimischen Kühlschrank kaufen zur Erinnerung an diesen absolut authentischen Nachmittag. So gern ich dieses System auch verachtet und bespottet hätte, der Hohn blieb an mir hängen, denn ich war Teil des Ganzen. Ich war die Angestellte. Die Assistentin, die den Leuten Bilder andrehte, die es liebte, viertausend Euro-

Beträge abzurechnen. Zwischen mir und dieser Person gab es keine Grenze mehr. Wir waren das Produkt von Seabird, das gleichzeitig das Unternehmen am Laufen hielt.

Zurück auf der Promenade entdeckte ich Lea, was meine Laune sofort nach vorn katapultierte. In Uniform gekleidet, mit einem großen Rucksack auf dem Rücken stand sie vor einer Handvoll Passagieren, jeder davon gewappnet mit einer Spiegelreflexkamera.

„Jetzt wollen wir einen Ast weiter hinten fokussieren", sagte sie ungewohnt sachlich, tippte mehrmals auf dem Display ihrer Kamera und zielte dann mit dem Objektiv auf einen knorrigen Olivenbaum.

„Seht ihr den Unterschied? Für Tiefenschärfe eignet sich am besten eine 16er Blende." Sie reichte ihre Kamera in die Gruppe, die Passagiere inspizierten ihr Foto auf dem Display, einige änderten Einstellungen an ihren Geräten.

„Und jetzt ihr, macht ruhig ein paar verschiedene Kompositionen." So höflich hatte ich Lea noch nie erlebt. Wie kleine Paparazzi umzingelten die Passagiere jetzt den Baum.

Lea trat einen Schritt zurück und blickte die Promenade entlang, ein Lächeln als sie mich entdeckte.

„Hey Blumenmädchen." Ich berührte die Blüte hinter meinem Ohr, sie zückte ihre Kamera und knipste, ohne zu fragen, ein Bild von mir. Als sie sich das Foto anschaute, lachte sie auf:

„Na, wenn das nicht typisch griechisch ist." Verunsichert ging ich hinüber und schaute auf das Display. Lea hatte gar nicht über mich gelacht, sondern im Hintergrund die Paillettenkleid-Frau mit abgelichtet. Nur dass sie kein

Paillettenkleid trug, sondern weiße Shorts und eine flattrige Bluse mit einem blauen Gittermuster, was auf dem Foto aussah, als hätte sie sich in eine griechische Flagge gehüllt. Auf strassbesetzten blauen Sandalen und wie immer mit ihrem Mann am Arm kam sie auf uns zu.
„Na ihr zwoa, gnieast´sas frei hom?"
Lea blickte an ihrer Uniform herab.
„Ihr hobt´s arba wirklich den beschten Job! Sonscht sigt ma ja nirgenschwo so vial. Hob i nit recht Hans?"
Der Mann an ihrem Arm nickte ohne stehenzubleiben, sodass sie sachte von ihm mitgezogen wurde. „Ja guat", sie klang entschuldigend, fasste sich aber sofort und trällerte, „Wir werden die Hüte da no anprobira. Man sieht sich." Zielstrebig zog Hans sie auf einen Ständer mit Panama-Hüten zu.
„Irgendwie klappt das bei mir nicht." Ein älterer Herr mit dicken Brillengläsern hatte sich vom Baum abgewandt. „Wie stell ich denn diese Skala richtig ein? Mir wurde gesagt, das Bild ist dann richtig, wenn die auf Null steht. Können Sie mir das kurz erklären?"
Lea räusperte sich, sagte dann aber freundlich: „Gehen wir doch erstmal wieder zu den anderen, dann erkläre ich es für alle."
Sie winkte mir verabschiedend zu und versammelte sie Gruppe erneut im Schatten des Baumes. Ich schob meine Enttäuschung über die Kürze unseres Treffens beiseite und zog weiter.

Auf der gegenüberliegenden Seite der Promenade erspähte ich einen Ständer mit Eselmagneten. Esel mit dicken Körben auf dem Rücken, Esel, die durch blaue Fensterläden schauen oder vor weißen Lehmhäusern stehen, Esel, die *IA* rufen, Esel, die *Griechenland, Greece, Grecia, Grèce* oder *Griekenland* schreien. Und dann war da noch dieser eine etwas eingestaubte Magnet in der untersten Reihe. Deprimiert dreinschauend war ein einzelner Esel vor einen viel zu großen Karren gespannt, der ihn ohne Probleme hätte plattwalzen können. Obwohl ich weder einen Esel gesehen hatte noch plante, mir eine Sammlung Magneten zuzulegen, entschied ich, dass dieses bemitleidenswerte Vieh das perfekte Souvenir zur Erinnerung an meinem aller ersten Ausflug war. Der Verkäufer wünschte mir auf Deutsch einen schönen Urlaub und ich zog mit meinem ersten Kauf seit einem Monat davon. Eigentlich verspürte ich keinen Drang, meine Füße wieder auf den Stahlboden zu setzen, trotzdem eilte ich zum Schiff zurück, denn sollte ich ohne Probleme wieder hineingelangen, hätte ich noch fast eine ganze Stunde Zeit zum Schlafen, bevor der Abendverkauf in der Galerie begann.

Tourismus und Authentizität - ein Widerspruch in sich?

2.
DIE ÜBER-SEEFAHRT

Maya: Der Suezkanal

Die Grenze von Traum und Realität war zerbröselt. Stein für Stein hatte ich mir eine Welt aus verschiedensten Szenarien zusammengebaut, fantastische Momente der Glückseligkeit mit Lea so intensiv und greifbar, dass die Ausläufer tatsächlich den Weg in die Wirklichkeit gefunden hatten.

Ich war auf Erkundungstour, ihre Tätowierungen die Landkarte. Sanft glitten meine Finger von der verblassten Fotokamera auf den weichen Dünen ihres Brustkorbs über hüglige Gebirgslandschaften zum halb überwucherten goldenen Schnatz, der so zentral in ihrer Schamgegend saß, dass sich die unabdingbare Dauererektion des Tätowierers vor meinen Augen manifestierte. Lea schnurrte. Eine Schweißperle kullerte über meinen Po, dieses typische Kribbeln in meinen Füßen und ich dachte mir: Dafür hat es sich gelohnt. Diese Erfahrung war es wert, einen Monat eingesperrt zu sein.

Draußen flutschte das Schiff durch den Suezkanal. Die karge braune Wüstenlandschaft erschien nach Monaten im türkisen Mittelmeer so ungewöhnlich nah, dass es bei meinem Blick durch das Galeriefenster so ausgesehen hatte, als führen wir über Festland. Eigentlich wäre ich mit Jessica auf dem Crewdeck verabredet gewesen, um mitzuerleben, wie wir die eine riesige Brücke des Kanals passierten. Aber dann war Lea überraschend vor meiner Kabine aufgetaucht.

Im Grunde hatte ich mit dieser Wendung nicht mehr gerechnet. Als hätte mein starker Wunsch, ihr nahe zu sein, das Schicksal zuvor bei seiner Arbeit behindert, als könnten Zufälle nur in ironischer Leichtigkeit entstehen – ohne die Barriere unzufriedener Verbissenheit. Genervt war ich Lea in den letzten Tagen aus dem Weg gegangen. Dieses ganze Auf und Ab. Entweder wusste sie nicht, was sie wollte oder ich war zu blöd, ihre Zeichen zu lesen.

Mit einer Frau zu flirten war vollkommen anders als das, was ich gewohnt war. Während Männer oft versuchten, mich mit einem bohrenden Blick willenlos zu starren, war ich geübt darin, mit ihrer Aufmerksamkeit zu spielen. Beiläufiger Augenaufschlag, dezente Lächeln, Interesse bekunden, aber nicht den ersten Schritt machen. Jahrelang hatte ich diese Taktik erprobt, doch was, wenn das Gegenüber plötzlich genauso handelt? Im Umgang mit Lea war ich konstant verunsichert. Bei meinem letzten Besuch in der Crewbar hatte sie mit ihrer neuen besten Freundin Katharina kichernd am Tresen gesessen. Um Leas Aufmerksamkeit bemüht, hatte ich sie minutenlang angestarrt. Als ich meine Niederstarr-Aktion endlich bemerkte, war ich so irritiert über dieses männliche Verhaltensmuster, dass ich den Entschluss fasste, mir Lea aus dem Kopf zu schlagen. Ich machte mich lächerlich, am meisten vor mir selbst.

Aber dann hatte ich sie während der Passage durch den Suezkanal auf einmal vor meiner Kabine getroffen. Ein Seabird-Umschlag klemmte im Türrahmen. Als Lea mich näherkommen sah, zog sie ihn aus dem Spalt. Sah sie verunsichert aus? Anstatt etwas zu sagen, reichte sie mir den Umschlag. Darin das Foto meines Ausfluges: Die Angestellte im Griechenland Urlaub, winterblass, Blume im Haar, aufbegehrendes Augenblitzen. Ich sah mich, wie ich

Lea anblickte, während dieser Blick von der Fotografie her mich selbst traf, woraufhin ich nun wirklich Lea anblickte. Ein verwirrendes Spiel, wie alles, was sie betraf.
„Ich dachte, das wäre eine schöne Erinnerung."
Ich wusste nicht, wie ich reagieren sollte. War das ein Freundschaftsdienst, ein Liebesbeweis oder ein Arbeitsauftrag? Wie immer gelang es mir nicht, unser Aufeinandertreffen zu kategorisieren.
„Ich wollte mich nur schnell umziehen und dann hoch aufs Crewdeck. Willst du mitkommen?"
„Klar, ist es ok, wenn ich hier warte?"
Ich nickte, öffnete die Tür und knöpfte mir die Bluse auf. Dann spürte ich sie hinter mir stehen. Ihre Hand an meiner Schulter. Ab dann ging alles ganz leicht, viel intuitiver als erwartet.

Das Schicksal kicherte ironisch. Noch immer Kribbeln in meinen Füßen, ich grinste in Leas Nacken. Sie lag neben mir, meine Hand auf ihrer Hüfte, in ihrer Hand die Fernbedienung. Sie suchte einen Musiksender im Fernsehen und blieb auf dem Kanal der Bugkamera stehen. Das Wasser wie ein blau-grauer Teppichläufer vor der Schiffsspitze, seitlich zogen kleine Dünen aus Wüstensand vorüber. Zwischen den Crewmitgliedern entdeckte ich Jessica neben Maik, dem Fitnesstrainer. Sie fotografierten sich gegenseitig vor der Landschaft, unwissend wer sie gerade beobachtete. Als wäre die Zeit an Bord eine einzige große Reality-Show, hatten sowohl Gäste als auch Crew zu jeder Tageszeit Zugriff zu den Bildern der Außenkameras über ihre Fernseher. Am Rand des Kanals winkten zwei Wüstenarbeiter, eine Handvoll Häuser schob sich durch den Hintergrund.

Ich lag verschmolzen mit Lea auf meinem Bett und fühlte mich angekommen.

Bei Seabird wird jeder zum Fernsehstar.

Joseph: Der Suezkanal

„Na Mensch, da isser ja", rief eine Frau aufgeregt aus einiger Entfernung.
„Mozart, wir ham dich seit Taren jesucht", stimmte der falsche Zwilling neben ihr euphorisch mit ein. Die beiden Frauen waren ungefähr im Alter meiner Schwiegermutter und trugen identische Kreuzfahrer-Outfits: weiß-blaugestreifte T-Shirts, beige kurze Hosen, unterschiedliche orthopädische Sandalen. Abgesehen von der Kleidung sahen sie sich jedoch überhaupt nicht ähnlich. Die eine klein und stopfig, dunkle kurze Haare, die andere groß und stopfig, lange graue Haare, kantige Nase. Schwungvoll kamen sie die letzten Schritte auf uns zugeeilt.
„Na mei", Mozart rückte sich die Brille zurecht, „Wonn des ned meine Lieblingsschwestern san, Gabi, Heidi, des is oba schee." Er öffnete die Verschlussklappe des Tresens und spannte die beiden liebevoll zwischen seine gewaltigen Oberarme. Sie küssten ihm die Wangen, verweilten einen Moment innig umschlungen. Das Szenario erinnerte mich an eine Tierdoku, in der ein ausgewilderter Bär

mitten im Wald auf seine ehemaligen Ziehmütter traf.
„Zu ihrer linken Seite sehen Sie die Sinai-Halbinsel", ertönte die Frauenstimme über die Lautsprecher, „obwohl sie zu Ägypten zählt, wird sie dem asiatischen Kontinent zugeordnet, während der Rest des Landes zu ihrer Rechten auf der Afrikanischen Kontinentalplatte liegt. Wir befinden uns also gerade genau zwischen zwei Kontinenten, Asien und Afrika." Einige Gäste überquerten die vierzig Meter des Pooldecks zur gegenüberliegenden Seite. Vor Ungefähr einer Stunde hatten wir durch Port Said den Suezkanal befahren und wie immer gab eine Gastlektorin aller paar Minuten ihr Stadtrundfahrt-ähnliches-Wissen zum Besten.
„Mozart, lof ja nit wech, wir sin glech wieder da", rief die Große über die Ansage der Lektorin hinweg.
„Eine 190 Kilometer lange Wasserstraße mitten durch die Wüste."
„Stö da vua, die hom erst beim Tod ihres Vottas voneinander erfohrn, da woarn de scho über vierzig Joahr oid. Hoibgeschwista san des. Joahrzehnte long hot der Votta a Doppelleben gfiat, is des zu fossen?"
„Wass ssteht ihr denn hier sso rum?" Ich zuckte erschrocken zusammen. Der Barchef stand hinter uns. „Die Glässer polieren sich nicht von allein." Sein kurzer Arm bohrte durch unsere Mitte und zeigte auf den blinkenden Geschirrspüler zu unseren Füßen. „Oder bissst du etwa zu müde Ssokoladnij? Brauchsst mal einen Tag frei?" Lachend warf er seinen kurzgeschorenen Kopf in den Nacken. Diese falsche Schlange. Er kam aus Ungarn und war wie ich ein ehemaliger Militärdienstler. Trotzdem konnte ich ihn nicht leiden. Bestimmt hatten schon unsere

Großväter im Krieg aufeinander geschossen. Vor zwei Verträgen war er noch als Barkeeper gefahren und man munkelte, dass er befördert wurde, weil er des Öfteren Kollegen ans Messer geliefert hatte. Ein kleiner ungarischer Stickler, der sich auf dem Schiff nur groß fühlte, weil zuhause rein gar nichts auf ihn wartete. Ich selbst hatte mich gegen eine Beförderung entschieden. Die Teamarbeit war mir wichtiger, als einmal pro Stunde an jeder Bar aufzutauchen und den großen Boss raushängen zu lassen.

„Na dann biss sspäter Sshokoladnij", er grinste zynisch, nickte Mozart zu und verschwand.

„Nach einer zehnjährigen Bauphase wurde der Kanal 1869 eröffnet und ist Teil der maritimen Seidenstraße", erklärte die Lektorin als die Schwestern zurückkehrten.

„Mozart, wir ham dir was mitgebracht." Die Größere schob ein kleines Päckchen über den Tresen, oben auf die Nummer fünfzehn geklebt, drumherum zierten winzige Segelboote das Geschenkpapier. Kreuzfahrtschiffe hatte es wohl nicht gegeben.

„Das is unsre fuffzehnte jemeinsame Fahrt", sagte die Große feierlich.

„Für mich ja erst die Zwölfte", fuhr ihr die Halbschwester dazwischen, „mich hats erst später infiziert, nachdem Heidi so geschwärmt hatte. Und das eine Jahr konnte ich nicht mitkommen, wegen der Gürtelrose, oh das war furchtbar, Heidi weißt du noch, am ganzen Bein war ich offen." Heidi rollte mit den Augen.

„Mei es Siaßn, drauf gibt's erstmoi an Prosecco." Mozarts runder Kopf war ein einziges freudiges Grienen. Ich fand es unverständlich, wie er es schaffte, sich zahlreiche

Freunde unter den Passagieren zu halten und nicht ein bisschen genervt war.

Ivanka war bei der Pediküre. Warum ich das wusste? Weil ich nach wie vor versagt hatte, sie abzuschütteln. Sie klebte an mir wie ein altes Nikotinpflaster, selbst wenn sie nicht da war, konnte ich sie riechen. Beck hatte mich unlängst einen feigen Hund genannt. Er hatte nicht unrecht, ein feiger Hund, der nach einer weißrussischen Zigaretten-Dior-Wolke duftete.

In operativer Sorgfalt öffnete mein österreichischer Kollege das kleine Päckchen. Mozartkugeln, natürlich. Die Schwestern kicherten.

„1967 besetzten israelische Truppen das Ostufer des Kanals und erklärten ihn zum Kriegsschauplatz."

Was hätte ich denn zu Ivanka sagen sollen? Ich war nicht gut darin, mich dem verqueren Verstand einer Frau zu widersetzen. Nicht einmal mit meiner eignen Tochter konnte ich mich streiten. Wie hätte ich das auch lernen sollen?

„Acht Jahre lang blieb der Kanal geschlossen und bildete die umkämpfte Grenze zwischen Israel und Ägypten. Vierzehn Schiffe wurden dabei eingesperrt. Erst bei der finalen Zurückeroberung des Kanals und der Sinai-Halbinsel durch ägyptische Truppen konnten sie zu ihren Heimathäfen zurückkehren. Acht Jahre im Exil, stellen Sie sich das mal vor."

Unlängst hatte meine Tochter am Telefon geweint, je älter sie wurde, desto weniger wollte sie akzeptieren, dass ich in der Ferne arbeiten musste. Ihr Protest infizierte die ganze Familie. Sicher, über das Haus beschwerte Nataşa sich nicht, aber wenn irgendwas mit den Kindern war,

war ich sofort der verantwortungslose Trottel. „Warum hast du dem Kind nicht beigebracht, wie man auf die Straße rotzt?" Ich wusste nicht einmal, was sie meinte. „Na Hochziehen und Ausspucken." Ein widerliches Geräusch durch den Hörer. „Babels Vater musste ihr das zeigen. Weißt du, wie sie sich vor den anderen geschämt hat? Deine Handlungen haben Konsequenzen, Joseph!" Immer häufiger gab es im letzten Jahr Auseinandersetzungen. Ich dachte ja, je weniger Leute auf die Straße rotzen, desto besser, aber dieses Argument verstand niemand.

„Ist das nicht aufregend? Wo in der Welt, können Sie Ihren Blick schon so weit ins Nichts schweifen lassen?" Ich solle meine Frau an Bord holen, hatte Mozart als Ivanka-Abwehr-Methode vorgeschlagen. Als ich antwortete, das hätte mir gerade noch gefehlt, hatte Beck verächtlich geschnauft. Zu allem Überfluss litt sogar das Verhältnis zu meinem Kabinenmitbewohner unter Ivanka.

„Riffbarsche, Husarenfische, Feuerfische, Meerbarben, Schmuck-Langusten…."

Im Grunde fand ich Mozarts Idee überhaupt nicht schlecht. Nur Nataşa wollte ich da nun wirklich nicht mit reinziehen.

„500 Tierarten sind nach der Fertigstellung des Kanals vom Roten Meer ins Mittelmeer gesiedelt."

Wenn meine eigene Frau nicht als Argument zu Verfügung stand, dachte ich, musste vielleicht einfach eine andere her.

„Hey du, wart mal", kreischte die dicke Gabi, sie legte einen Arm um Heidis Taille, „Mach mal ein Foto von uns drei." Das dürre blonde Fotomädchen blieb stehen und setzte die Kamera an.

> *Das beeindruckendste am Suezkanal sind die Fakten seiner Entstehung.*

Maya: Das Rote Meer

Wie ein Pfropfen war das Schiff aus dem Suezkanal ins dunkelblaue Rote Meer geploppt. Die alles übertönenden Ansagen der Gastlektorin waren versiegt und die Passagiere – ihrer Landobservierungsmöglichkeiten von der Weite des Wassers beraubt – waren in bester Konsumlaune. Der Verkauf in der Galerie lief bombastisch. Die Zuschauerränge der Auktionen waren proppenvoll, sämtliche Kunstwerke wurden ersteigert und meine Assistentenpersönlichkeit lief auf Hochtouren. Abends im Bett überlegte ich, welche Bilder die Gäste wohl interessieren könnten, ausgerichtet an Hobbies, Lieblingsreisezielen, heimischen Einrichtungsgegenständen. Jede Information diente als Hinweis auf die Geschmäcker der Passagiere. Immer wieder berechnete Valerie strahlend unsere aktuelle Provision, nie wieder sollte ich sie so gut gelaunt erleben wie bei dieser Überseefahrt. Und dann kam die Mitteilung der Seabird-Zentrale: Wir hatten den höchsten Kunstumsatz der gesamten Flotte erreicht. Der Hotelmanager gratulierte uns persönlich und ließ eine Flasche Champagner springen, die wir zur Feier des Tages im Passagierbereich tranken.

Da sich die meisten Gäste auf dieser Reise aufbrezelten wie Besucher des Wiener Opernballs, saß auch ich mit halbherziger Hochsteckfrisur neben Valerie im Abendkleid an der Poolbar, ein halbleeres Fläschchen im Champagnerkühler auf dem Tresen zwischen uns. Leider gestaltete sich der Abend nicht annähernd so feierlich wie vermutet. Neben mir an der Bar saß diese dunkelhaarige Frau, die schon ewig an Bord war und ich konnte nicht sagen, was mir mehr Kopfschmerzen bereitete, ihr penetrant süßer Zuckerwattegeruch oder der Zigarettenqualm, den sie verursachte. Valerie wurde vom ersten Moment an von einigen Gästen umzingelt. Ein Ehepaar aus Frankfurt und diese zwei Frauen, die schon die ganze Reise in idiotisch gleichen Outfits rumliefen. Diesmal weiße V-Neck-Pullis und lange rote Röcke. Die Dickere sah darin aus wie ein Bonbon, die Dünnere wie die fehlgeratene Bruchware des gleichen Modells. Wettkampfartig diskutierten sie mit den Frankfurtern darüber, wer die erfahreneren Kreuzfahrer waren. Es stand 35 zu 15 für die Frankfurter. Lieblingsreiserouten wurden verglichen. Valeries Favorit, Norwegen, kannten beide Paare noch nicht, was einen gemütserleichternden Gleichstand hervorrief.

„Was reizt sie denn so an Kreuzfahrten?", fragte ich in die Runde. Valerie blickte skeptisch.

„Ach", setzte der Ehemann in schwärmerischem Tonfall zu einem Gedanken an, den seine Frau euphorisch ergänzte: „So eine Kreuzfahrt ist ja auch immer wie nach Hause kommen. Hier wissen wir einfach ganz genau, was uns erwartet." Die Bonbons nickten feierlich.

„Ganz genau, unser Mozart hier ist über die Jahre wie ein Bruder geworden." Die Dicke tätschelte die Schulter des

älteren Barkeepers über den Tresen hinweg. Er grinste freundlich, die Frankfurter schwiegen, Valerie hob ihr Glas in die Höhe.
„Na dann, aufs Nach-Hause-kommen!"
Enthusiastisches Gläserklirren auf dem Roten Meer. Reisen, um zuhause zu sein, wenn es irgendetwas gab, für das ich nicht aufs Schiff gegangen war, dann war es das. Ich nippte an meinem Champagner.
„Izymka, ich vermisse dich", sagte die tiefe akzentbehaftete Stimme neben mir. Widerwillig, wie mir schien, hatte der andere Barkeeper der parfümierten Frau ein weiteres rotes Getränk gebracht. Als *Miss Cosmopolitan* hatte die Dicke sie vorhin betitelt. Der Barkeeper beugte sich zu ihr vor und flüsterte etwas, das ich nicht verstand. Die neue Band auf der anderen Seite des Pooldecks hatte gerade zu den ersten Akkorden angesetzt, Applaus der Passagiere. An der Gitarre stand dieser riesige blonde Kerl, den Valerie als Skandinavier betitelt hatte, mich aber eher an einen tropischen Vogel erinnerte. Wo immer er auftauchte, war er nicht zu übersehen. Einen Kopf größer als alle anderen, auffälliger Kleidungsstil. Rosa Anzug, hellblaues Hemd, gelbblonde Haare, rotbrauner buschiger Bart, neongrünes Gitarrenband. Kein Vogel, eine tropische Rampensau.
„Du musst keine Angst vor mir haben. Ich bin doch verheiratet", sagte Miss Cosmopolitan in das Keyboardsolo hinein. Ich hielt das Champagnerglas in der Hand und schunkelte im Takt der Musik etwas näher an sie heran.
„Nein, du verstehst nicht", brummte der Barkeeper, „meine Freundin ist hier an Bord."

Während ich die zweite Hälfte meines Glases in einem

Zug leertrank, inspizierte ich ihn etwas genauer. *Joseph* stand auf seinem Namensschild. Sein Bauch hing über den Gürtel einer schwarzen Hose, muskulöse Unterarme wie bei allen Barkeepern an Bord. Auf der Straße hätte ich ihn eher für einen moppeligen Durchschnittstypen als den Aufreißer gehalten. Wahrscheinlich war es wie bei einem fleckigen Silberlöffel hauptsächlich der Alkohol, der ihn in den Frauenaugen auf Hochglanz polierte.

Überhaupt hatte ich in letzter Zeit den Eindruck, dass sich um mich herum die schrägsten Konstellationen zu Pärchen vereinten. Überall sah ich unterschiedlichste zu Einheiten verhakte Finger und glitzernde Augenpaare. Lea wollte davon jedoch nichts wissen. Sie wolle sich nicht im Kerker des Besitztums einsperren lassen. (ihre Worte) Dafür verlange sie das im Gegenzug auch von niemand anderem. Damit müsse ich klarkommen, hatte sie gesagt. Freiheit in allem, ohne Kompromisse.

„Es war lange nicht klar, was das zwischen uns ist, aber jetzt haben wir uns endlich ausgesprochen. Ich kann mich leider nicht mehr mit dir treffen Ivanka", sagte Joseph. Er trat einen kleinen Schritt zurück und musterte sie, als versuche er abzuwägen, ob Ivanka ihm als nächstes ihre Zigarette auf dem Handrücken ausdrücken oder bei einem Heulanfall sämtliche Aufmerksamkeit auf die Situation lenken könnte. Stattdessen hielt sie prostend ihr Getränk in die Höhe. „Na dann, viel Glück für euch." Ein dumpfes Raunen lag in ihrer Stimme. Sie tat mir leid. Wer wollte schon mitten an einem Bartresen abserviert werden? Das übersteuerte Solo des Gitarrenspielers dröhnte übers Deck. Von der Bühne her, kam Lea auf die Bar zugelaufen. Sie trug ihre Abenduniform und eine Kamera um den Hals.

„Wir schauen uns ihre Auktionen auch oft abends auf dem Kabinenfernseher an. Sie machen das wirklich großartig", spie der Frankfurter eine dicke Schleimschicht auf Valerie herab. Erfreut winkte ich Lea zu, die daraufhin erschrocken stehenblieb. Währenddessen hatte sich Ivanka von ihrem Hocker erhoben.

„Ach, da kommt sie, willst du sie kennenlernen?", sagte Joseph freudig.

„Miss Cosmopolitan, verlassen Sie uns schon?", rief der fehlgeratene Bonbon über meinen Kopf hinweg. Ivanka verzog ihren Lippenstift zu einer gepressten Grimasse und krächzte Joseph an: „Ist das dein Ernst? Warum sollte ich das?"

Was für ein Vollpfosten dieser Typ doch war! Lea war mittlerweile nur noch wenige Schritte entfernt. Nur sehr langsam verschmolzen die Informationen in meinem Hirn zu einer Einheit. Schwer zu sagen, wer verdutzter schaute, Ivanka oder ich, als dieser Joseph endlich sagte: „Das ist sie. Wenn ich vorstellen darf, meine Freundin Lea."

Kreuzfahrten – Das etwas andere Zuhause.

Joseph: Das Rote Meer

Glorios! Es war geschafft und es ging so viel einfacher als erwartet. Vielleicht hätte ich das Fotomädchen nicht einmal gebraucht. Schaden konnte es immerhin nicht. Ihre allseits bekannte Umtriebigkeit machte es unwahrscheinlich, dass nun auch sie zu einem Anhängsel mutieren würde. Im Tausch gegen einen Monat Freigetränke hatte sie tatsächlich zugestimmt, meine Freundin zu spielen. Eine brillante Lösung. Was hätte Ivanka schon sagen sollen, immerhin war sie selbst verheiratet.

Seit zwei Tagen hatte ich sie nicht mehr gesehen. Der Feuerball in meiner Brust war verpufft. Endlich wieder frei atmen. Das wollte gefeiert werden! Natürlich waren die Möglichkeiten auf See begrenzt. Der Birdclub, die Crewbar, ein paar verbotene Koksnasen auf ihren Kabinen und Sex. Es gab nur wenig Dinge, auf die die Besatzung Einfluss hatte. Sex war eine aus reiner Selbstbestimmtheit erschaffene Option. Vielleicht war es die Verlorenheit auf dem offenen Meer, vielleicht auch der Drang frei vom auferlegten Funktionszwang zur eigenen Identität zurückzufinden, der dazu führte, dass sich die Besatzungsmitglieder ungeachtet unserer gesellschaftlich anerzogenen Mäßigung nächtlichen Beutezügen hingaben, die Situationen erschufen, von denen ich an Land nur phantasiert hatte. Nichts versetzte mir ein vergleichbares Machtgefühl wie das gleichzeitige Stöhnen zweier Frauen auf ihrem Höhepunkt, ich war der prähistorische Stammesführer und sie meine willigen Untertanen. Tagelang konnte diese Ekstase in mir nachklingen. Leider war die Lava Lounge keine

Option mehr. Zur Strafe für Becks miserable Cocktailprüfung hatte diese lispelnde Ratte von Barchef ihm sämtliche Frühschichten der Reise aufgedrückt. Kurz nachdem ich ins Bett ging, musste er bereits wieder aufstehen. Daher blieb er abends immer öfter allein auf der Kabine und kritzelte in sein Buch. Auch sein Ordnungsdrang hatte stark nachgelassen. Einmal lag sogar eine seiner dreckigen Socken auf meinem Kopfkissen. Das anfängliche Potential unserer Wohngemeinschaft hatten erst Ivanka und nun unser versetzter Arbeitsrhythmus zunichte gemacht.

Unter den Passagieren hätte es etwas Auswahl gegeben, aber der Vorfall mit Ivanka hatte mich vorsichtig werden lassen. Das Fehlen eines Eheringes, die betrübte Miene einer unglücklich Verheirateten, zu straffe Brüste, die keinen Rückschluss auf eigene Kinder zuließen, ein russischer Akzent – auf einmal erschienen mir die verschiedensten Eigenschaften mit nicht abschätzbaren Risiken verbunden. Ich hatte versucht, meine Skepsis abzuschütteln, erfolglos. Jedes Mal, wenn ich einem potenziellen neuen Strich gegenüberstand, tönte dieses krächzende *Izyumka* durch meinen Kopf, als säße Ivanka noch immer an der Bar neben mir. Resigniert verbrachte ich meine Zeit damit, unter dem schlafenden Beck die Einträge in meinem Buch zu zählen, wobei ich nie ganz bis zum Ende kam, da ich entweder von Müdigkeit übermannt oder von Zahlendrehern irritiert aufgab. Bei meinem dritten Versuch fasste ich den Entschluss, maximal zehn Striche in eine Zeile zu setzen, was mir zukünftig, sollte ich Ivanka erst einmal aus meinem Gedächtnis vertrieben haben, einen wesentlich besseren Überblick liefern würde. Es war der gleiche Nachmittag, an dem mich mein Bruder anrief. Et-

was, das er nie tat, auch nicht zu Weihnachten. Eine stille Übereinkunft: solange wir uns nicht meldeten, ging es uns gut. Sein Name auf dem Display versetzte mich sofort in Alarmbereitschaft. Automatisch dachte ich an die verschiedensten Szenarien, die sein plötzliches Melden erklären würden. Die Werkstatt wäre abgebrannt, Dina oder die Kinder verunglückt, oder war mir Nataşa untreu?
„Da?", antwortete ich unwirsch.
„Bruderherz", seine fröhliche Stimme irritierte mich, „was macht die See?"
Auf dem Bett liegend blickte ich in die Kabine. Die Tür zum Klo stand offen, bewegungslos, die Lavalampe neben mir auf dem Schreibtisch schlief friedlich, nichts rollte über den Boden.
„Ziemlich ruhig." Banalitäten, der Kitt verholzter Herzen.
„Ja, also hey, es ist eigentlich keine große Sache, aber ich dachte trotzdem, du willst es wissen. Letzte Woche hat ein Anwalt aus Italien hier angerufen. Ich hab sein Englisch kaum verstanden, dir wäre das sicher leichter gefallen."
Sein Redefluss brach ab, als wäre rein diese Erkenntnis der Grund seines Anrufes. Was hatte mein Bruder, der noch nie das Land verlassen hatte, mit Italien zu tun? Krachend fiel die Tür der Nebenkabine ins Schloss. Ein furchtbares Geräusch, wie der dumpfe Knall einer Schreckschusspistole, dabei hatte ich diesen Sportfuzzi nebenan gebeten, nicht mit den Türen zu schmeißen. Noch immer hatte mein Bruder nichts gesagt.
„Aha", rief ich in die dunkle Höhle der Telefonleitung, nicht sicher, ob er mich am anderen Ende überhaupt noch hörte.

„Jedenfalls", noch einmal legte er eine kurze Pause ein, in der Nachbarkabine betätigte jemand die Klospülung. Mein Blick fiel erneut auf die Lavalampe, ihr Inhalt erinnerte mich an eingeweckte Eierstöcke, wie die Trophäe eines Perversen und gerade als ich dachte, dass es bestimmt Männer gab, die Frauen aufschlitzten, nur um ihre Innereien feierlich auszustellen, sagte mein Bruder:
„Mama ist tot. Schlaganfall, ging wohl alles sehr schnell. Aber was solls, ist ja nicht so, als ob das für uns irgendeinen Unterschied macht, nicht? Gibt auch nichts zu erben. Tja, arm bleibt arm."

Er hatte so schnell gesprochen, dass ich einen Augenblick benötigte, um den Inhalt des Gesagten aufzunehmen. Gedanklich wiederholte ich seine Worte.
„Hallo bist du noch dran? Ach, in diesem Nest hat man auch einfach keinen guten Empfang. Was Dina? Jaja, ich komme gleich."
„Mulțumesc", sagte ich leise, Danke dir, mehr viel mir nicht ein.
„Da, desigur. Kommt doch mal wieder vorbei, wenn du zurück bist. Die Kinder würden sich freuen, ist schon wieder Ewigkeiten her."
„Ja, Ewigkeiten."

Bewegungslos starrte ich auf die Lampe. Das Telefonat war nicht mehr als ein kurzer Einschnitt in die tägliche Routine. Angehaltenes Leben, eingefroren und konserviert. Der Inhalt der Lampe widerte mich an. Mein Magen verkrampfte sich. Stolpernd entließ ich meine Erstarrung ins Bad. Obwohl die See eben noch ruhig gewesen war, schwankte der Boden unter mir. Mit jedem Würgereiz mehr Schweiß.

Zittrige Hände griffen nach dem einzigen sauberen Handtuch in der Kabine, dem der Lavalampe. Der Geruch von Staub und angeschmolzener Plastik. Der Stuhl in unserer Kabine voller Kleidung. Becks Bettvorhang zugezogen. Tote Eingeweide. Schwindelig drückte ich auf den Kippschalter, oranges Licht, sonst nichts, keine Bewegung. Sachte klopfte ich gegen das Glas, nichts. Wärme, die Lampe brauchte mehr Wärme. Meine Hände rubbelten über den Glaskörper. Rubbelten bis die Haut brannte. Doch es half nichts. Kalt lagen die Eierstöcke vor mir.

Im Grunde hatte mein Bruder Recht gehabt, das Ableben meiner Mutter änderte nichts an unserem Leben. Und dennoch überfiel mich ihre plötzlich fehlende Präsenz wie eine Krankheit. Ein Virus. Eine lähmende Schwäche. Jegliche Chance, sie zufällig zu treffen, war vorbei. Verwaiste Jahre, keine Zuneigung konnte sie mehr auffüllen, keine Entschuldigung alte Risse balsamieren. Alles was blieb, waren müde Vorwürfe und bescheidene Erinnerungen. Bärte aus Spaghetti, Cantuccini zu Weihnachten, das Grün ihrer Augen, grün wie die frischen Wiesen um den Schaschlikspieß und die Kleider der hübschen Italienerinnen, wenn ich sie in meiner kindlichen Vorstellung durch die Augen meiner Mutter sah. Grünes Leben. Meine Hand griff nach dem Telefon. Wo eben noch der Name meines Bruders stand, erschienen Yasmina und Andrej auf dem Display. Nataşas braune Schokosträhnen, diese Wulst auf der Stirn, die sich schon durch die Familie meines Vaters zog wie ein vererbter Gendefekt, und ihre grünen Augen. Erst als Yasmina mit ihren ersten Schritten dem Babyspeck und damit auch den schweren Zügen meines Vaters davonlief, sahen mich unsere grünen Augen über Nacht aus einem Mädchengesicht an und ich erkannte, dass die Augen meiner Tochter, meine Augen, eigentlich die Augen meiner Mutter waren. Zwanzig Jahre lang hatten sie mich im Spiegel angeschaut, hatte ich sie unbewusst bei mir getragen und nicht geahnt, dass es das einzige sein würde, das mir von ihr geblieben war.

Ein undefinierter Druck pochte gegen meine Schläfe. War Yasmina bewusst, dass sie meine Augen geerbt hatte? Ich massierte meine Stirn. Rhythmische Klatschgeräusche in der Nachbarkabine wie an jedem Nachmittag in letzter Zeit, sie würden sich schnell steigern und dann abrupt abbrechen. In meinem Hinterkopf grölte die Erinnerung an Ivanka ein heiseres *Izyumka* auf ihrem Höhepunkt. Hätte ich sie nicht abserviert, hätte ich mich in diesem Augenblick an sie geschmiegt. Umarmt von ihrem rauchigen Blümchengeruch. Ihre Einsamkeit hätte meine sachte in den Schlaf gewogen und für einen Augenblick wäre alles in Ordnung gewesen. Aber ich war allein in dieser winzigen fensterlosen Kabine, mitten auf dem Roten Meer. Beck war bei seiner letzten Schicht des Tages. Das Klatschen, ein Trommelwirbel, dann Stille. Ich blickte auf die Lavalampe und beobachtete, wie das Leben in sie einkehrte.

Die Vergangenheit reist immer mit.

Maya: Jemen – Banana Joe zum halben Preis

„Du willst dich also nicht binden?" Es war einfach aus mir herausgebrochen, ungefiltert und laut. Nachdem die dunkelhaarige Nikotinwolke davon gezischt war, hatte Lea diesem Joseph zugenickt und war ohne ein Wort verschwunden. Einfach umgedreht und weg, als wäre ich nicht vorhanden. Ich kam mir unglaublich verarscht vor. Auf der Suche nach einer Erklärung hatte ich sie am nächsten Morgen in der Crewkantine konfrontiert. Ich stand in der deutschen Ecke vor ihrem Tisch und funkelte sie böse an.

„Binden, hier? Begreifst du überhaupt, wo wir hier sind?" Sie setzte sich aufrecht, strich sich wirsch über den Nacken.

„Vorgestern hat sich der Barchef als Banane verkleidet. Ich sollte das fotografieren, aber alles ging schief. Irgendein Depp ist über das Lampenstativ an der Fotostation gestolpert und hat das ganze Ding umgerissen. In der Magnetmaschine war ein Heißkleber ausgelaufen und wir sind eh schon unterbesetzt, also habe ich es nicht an die Bar geschafft. Weißt du, wie sich der Hotelmanager aufgeregt hat? Und der Barchef ist ausgerastet, dieses kleine Arschloch. Angeblich wollten sich alle beschissenen Gäste mit der dummen Banane fotografieren lassen, weil es den Banana Joe zum halben Preis gab. An Land würde man darüber lachen, hier ist es `ne Katastrophe, nur wegen eines fucking Bananenkostüms." Sie schrie mehr als dass sie sprach.

Seabirds – auf dem Meer zuhause

„Was hat das mit uns zu tun?"
„Mit uns?" Ruckartig stand sie auf. Die Blicke der anderen klebten an uns. „Es gibt kein uns. Bild dir bloß nicht ein, dass du verliebt bist. Du bist nur einsam. Jeder hier auf diesem Kahn ist einsam. Deshalb sehnst du dich nach Abenteuer und bist mir über den Weg gelaufen. Aber nichts davon ist real! Wir sind auf einem beschissenen Kreuzfahrtschiff und ich bin dein fucking Bananenkostüm, der Spaß in dieser trostlosen Scheiße, den du nicht teilen möchtest."
Jemand hinter mir räusperte sich laut. Lea stierte wütend an mir vorbei. Ich drehte mich um und erblickte Maiks erhobene Augenbrauen. Daraufhin stand Lea auf, griff ihr Tablett und stürmte hinaus.

Maik legte seine Hand auf meine Schulter. Ich lächelte ihn dankbar an und verließ gesenkten Hauptes die Crewkantine. Auf meiner Kabine angekommen, sackte ich auf den Teppichboden und betrachtete mich im großen Türspiegel. Das blaue Seabird-Shirt, die beige Hose, weiße Lederschuhe, die ich zu Hause niemals getragen hätte. Tränen drängten sich fluchtbereit in meinen Augenwinkeln. Lea hatte mir das Gefühl gegeben, ich selbst zu sein. Wer war ich hier ohne sie?

Kreuzfahrten: Beziehungskrisen in der Mitarbeiterkantine und Menschen in Bananenkostümen.

Joseph: Jemen – Die unerträgliche Anwesenheit der Abwesenden

Meine Mutter war tot. Beck hatte angeboten, mit mir zu meditieren. Mit einem getrockneten Salbeibüschel hatte er mir vor der Nase rumgewedelt und gemeint, er könne eine bessere Verbindung zu meiner Mutter herstellen. Dabei wollte ich sie einfach nur loswerden. Denn das Merkwürdige war, dass ihr Ableben sie präsenter gemacht hatte als jemals zuvor. Jetzt, wo sie weg war, sah ich sie überall. Sie stand an der Bar und rauchte eine Zigarette wie früher in der Küche. Ihr Lachen, wenn ich bellend wie ein Hundewelpe hinter ihr hergelaufen war. Das Gefühl ihrer rauen Hände an meinen Wangen. Sie war bei mir auf dem Schiff, egal ob ich den Lagerraum auffüllte, mir die Zähne putzte oder im Fahrstuhl stand. Sie ging nicht weg, weil sie nicht mehr weggehen konnte. Gerade weil sie nicht mehr da war, war sie immer da. In mir.

Alle meine Erinnerungen endeten mit meinem neunten Lebensjahr. Ich fragte sie: Was für ein Mensch ist in der Lage, seine Kinder zurückzulassen? Sie reagierte nicht. Manchmal seufzte sie, wie sie es früher getan hatte, wenn sie müde von der Arbeit nach Hause kam.

Sie war tot und ich hatte das Gefühl, nie geliebt worden zu sein. Selbst für Nataşa war ich hauptsächlich ein praktischer Handlanger: *repariere dies, besorg das, nie bist du da*. Liebe? Weder sie noch die Kinder hatten meine Mutter je kennengelernt.

„Warum sollte ich es den Kindern sagen, sie hatten sowieso immer nur eine Oma", hatte sie am Telefon gesagt, während meine Mutter neben mir genau wie früher in groben Handbewegungen Socken zusammenlegte.

Ich versuchte, mich abzulenken. Je deprimierter ich wurde, desto mehr fickte ich. Nie fühlte ich mich befriedigt. Sogar die Striche bereiteten mir keine Freude mehr. Ich wollte, dass es vorbei war, dass die Überseefahrt zu Ende ging. Ich brauchte andere Leute, eine andere Umgebung. Ich musste nicht meditieren, um zu wissen, dass sie mich nie geliebt hatte.

Der einzige Ort auf dem Schiff, um Salbei zu verbrennen, ist der Raucherraum.

Maya: Das Ende der Überseefahrt

Ich lag auf dem Crew-Sonnendeck. Wenn die Zeit es erlaubte, machte ich dort nach dem Mittagessen ein Schläfchen. Leider hatte ich diesmal meine Sonnencreme vergessen. Aus Angst vor einem Sonnenbrand konnte ich nicht schlafen und beobachtete stattdessen die Landschaft. Hinter graublauem Wasser zogen die ockerbraunen Berge des Oman vorbei. Es war der letzte Tag der Überseefahrt. Ich war den Gästen nähergekommen auf dieser Reise, hatte jeden mehrmals gesehen, mit vielen gesprochen und war mit ihnen irgendwie zu einer familiären Atmosphäre verschmolzen. Seit einigen Tagen pilgerten sie allerdings gelangweilt über die Decks und versuchten mich und die anderen in zeitraubende, unnötige Gespräche zu verwickeln. Ein Schiff bot eben doch nur ein gewisses Maß an Abwechslung und Erkundungsraum. Zum Glück konnte ich mich auf dem Crew-Deck verstecken – zumindest vor den Passagieren.

Das Tor der Reling hinter mir quietschte. Hinkend rollte der große blonde Gitarrist eine Liege über das leere Deck. Krachend ließ er sie neben mir fallen.
„Bester Platz", sagte er und nickte mir zu. Aus einer prallgefüllten Umhängetasche kramte er eine Tube Sonnencreme. Ihr Inhalt roch nach Fruchtkaugummi.
„Kann ich auch?" Ich zeigte auf die Tube.
„Klar Schätzchen"
Hilko war mit einem schwarzen Stift auf den oberen Tubenrand geschrieben, gleich darunter das Abbild einer aufgeschnittenen Melone mit Sonnenstrahlen. Hilko nahm ein Buch aus seiner Tasche und schlug es auf. Ich versuchte abzuwägen, ob ich lieber einen Hautausschlag von der Melonen-Creme oder einen Sonnenbrand riskieren sollte, als das Tor hinter mir erneut quietschte. Lea. Ich wäre gern über Bord gesprungen. Erfolgreich war ich ihr bisher aus dem Weg gegangen. Mit zwei Kaffeebechern in den Händen kam sie auf uns zugelaufen. Ich atmete tief durch, sie blieb vor mir stehen, überlegte kurz und fragte dann:
„Wenn dein Leben ein Kunstwerk wäre, wie lautete der Titel?"
„Die große Ratlosigkeit", antwortete ich, ohne nachzudenken.
Lea nickte.

„Und deins?" „Die große Revolution." Sie grinste. Ich schwieg.

„Ich wollte mich nur entschuldigen. Hier!" Sie hielt mir einen der Kaffeebecher entgegen. Die Wände waren überraschend kalt. „Erdbeer-Daiquirie."

„Danke."

„Keine Ursache, ich habe momentan einen ganz guten Deal an der Bar." „Kann ich mir vorstellen", entgegnete ich schnippisch und starrte auf den roten Brei.

„Ich wollt nur sagen, ich glaube, es ist besser, wenn wir in Zukunft nur noch", sie stockte, „du weißt schon."

„Ja."

„Einen wunderschönen Tag liebe Passagiere, hier spricht ihr Staffkapitän.", dröhnte es aus den Lautsprechern, Lea rollte mit den Augen, „Wir fahren demnächst in eine andere Zeitzone, daher werden die Borduhren heute Nacht um eine Stunde vorgestellt, womit wir uns der aktuellen Uhrzeit des Oman"

„Na dann bis bald", rief Lea über die Ansage hinweg und winkte erst mir, dann Hilko verabschiedend zu.

„Einen beschwingten letzten Seetag dieser Reise, ihr Karsten." Erneut quietschte das Tor, als Lea verschwand. Hilko blickte mich fragend an. Anstatt einer Erklärung schenkte ich ihm den Erdbeer-Daiquirie und strich mir eine Schicht Frucht-Sonnencreme auf die Arme.

Eine Überseefahrt ist etwas besonderes.
Überzeuge dich selbst!

Liebe Gäste, hier spricht Ihre Angestellte:

Das war sie also, die Überseefahrt. Fünfzehn Stunden Suezkanal, ein schwindelerregender Umsatz in der Kunstgalerie, Mayas Seifenopern-Showdown im Roten Meer und schon haben wir den Orient erreicht.

Maya: Traumfabrik Wasserwüste

Vor mir lag ein großes Steak. Schon beim Anschneiden war klar, dass es sich um besonders zartes Fleisch handelte. Ohne Widerstand glitt das Messer hindurch. Saftiges Rosa. Ein Stierkopf blickte von der Wand herab, ich schob mir ein Stück Fleisch in den Mund. Entrecote. Pommes. Zwei Frauen in Businessanzügen gingen am Eingang vorbei, ein Mann in weißem knöchellangem Gewand, weiße Kopfbedeckung. Dahinter überholte der kleine Hai einen Rochen, bunte Korallen an den grauen Felsen, ein Fischschwarm silber-grau schimmernd. Wie sie die Tiere wohl davon abhielten, sich gegenseitig zu fressen?

Ich saß im Erdgeschoss der Dubai Mall. Eben hatte eine James Bond Aufführung in dem riesigen Aquarium auf der anderen Seite des Ganges stattgefunden. Ein Anzug-Typ alla British Empire mit kleinem Atemgerät auf einem Unterwasser Jetski, eine Schatztruhe am Boden, zwei gegnerische Taucher mit Harpunen. Sehr unterhaltsam! Dubai versuchte immer Spektakel zu sein. Deshalb bot die Mall abgesehen von dem Aquarium auch noch eine Eislaufbahn, ein Dinosaurierskelett, einen Wasserfall und den höchsten Aussichtsturm der Welt.

Mittlerweile war die Zuschauer-Scharr der inszenierten Schatzjagd verschwunden und ich hatte freie Sicht auf die Meerestiere. Der Rochen ganz oben warf einen Schatten auf das Riff wie eine Wolke aufs Gebirge. In der Mall sah ich jenes Leben, das mich sonst im Verborgenen hinter den Stahlwänden des Schiffes umgab. Minus James

Bond natürlich. Wie so oft in letzter Zeit hatte ich den Nachmittag frei. Valerie war vor einem Monat abgestiegen, meine neue Chefin hieß Anastasia. Ein Name wie aus der Wunderlampe. Dabei wäre sie mit ihren Proportionen sicherlich in der Tülle stecken geblieben. Keine Stöckelschuhe, kein Alkohol während der Arbeit, andere Verkaufsstrategie und vor allem eine neue Errungenschaft, die mein Bordleben komplett verändert hatte: ich arbeitete weniger und hatte FREIZEIT.

Jede Woche ging ich mindestens zwei Mal von Bord und wusste schon gar nicht mehr, was ich mir noch anschauen sollte, denn das Schiff steuerte seit über zwei Monaten immer die gleichen Häfen an. Dubai, Abu Dhabi, Bahrein, Muscat hießen unsere Wochentage. Dubai war stets das Ende und der Beginn einer Reise und bedeutete: neue Gäste. Bahrein hieß, sich zu entscheiden: entweder eine zusätzliche Stunde Schlaf im Zeitzonenwechsel zu den Arabischen Emiraten oder Partynacht.

Mein Leben war erträglich, es war sogar ziemlich entspannt geworden. Im Gegensatz zu Valerie, die am liebsten den kompletten Kunstbestand in einer Reisewoche an den Wänden ausgestellt hätte, verfolgte Anastasia die Strategie, die Kunst länger hängen zu lassen, um die Gäste durch mehrmalige Konfrontation zu Kunstliebhabern zu erziehen. Ein Plan, der häufig funktionierte. Weniger Arbeit für mich und trotzdem mehr Provision als zu Beginn meines Vertrages. Dazu lobte sie mich ständig, war ganz begeistert von meinem detaillierten Wissen der Künstlerbiografien und meiner Art, mit den Gästen zu reden. Ich war in meinem Job so gut geworden, dass ich unlängst einem Ehepaar Kunst im Wert von achttausend Euro verkauft hatte, obwohl sie eigentlich nur für einen dreihundert Euro Druck in die Galerie gekommen waren. DAS Erfolgserlebnis meines Vertrages. Für eines der Kinderzimmer in ihrem Haus hatten sie sich nach dem Abbild der Bremer Stadtmusikanten erkundigt. Während wir miteinander sprachen, bemerkte ich, dass die Frau immer wieder Blicke auf eine der Meerjungfrauenstatuen warf. Ich lenkte das Gespräch auf den mythologischen Ursprung dieser Meeresgestalten. Eine hilflose Frau gefangen in ihrem eigenen Schicksal, nur durch die Liebe eines Mannes zu befreien. Augenzwinkern zu ihrem Ehemann. Ich lenkte einen Scheinwerfer auf die Statue. Natürlich eigne sich die Bronze für den Garten. Was für ein wunderbares Erinnerungsstück an diese Reise. Bei einer Auffahrt? Ja, da bräuchten sie eigentlich zwei Stücke. Zum Glück hatten wir noch einen Poseidon auf Lager. Die beiden kauften erstmal nur den Druck fürs Kinderzimmer. Drei Tage später hatten sie sich endgültig in die Statuen verliebt. Ich war gerade auf Mittagspause, da kamen sie in die Galerie und sagten zu Anastasia, dass sie die Stücke nur bei mir erwerben wollten. Weil ich sie ihnen doch so ans Herz gelegt hatte. Anastasias Augen waren noch immer vor Verwunderung geweitet, als ich kurz darauf in die Galerie kam. Nie hatte mein Assistentenherz stolzer geschlagen. Es pochte im Rhythmus des Perpetuum Mobile der Urlaubswelt. Ein erleichterndes Gefühl.

Genau wie jeden Mittag, wenn ich in der deutschen Ecke saß und Kohlrolladen oder Schweinebraten aß. Das Tragen und Umhängen der Bilder hatten eine ungeahnte Masse an Kalorien eingefordert, kein Salat der Welt hätte das ausgleichen können. Vegetarierin ade. Man möchte meinen, dass mich mehr Gewissensbisse darüber geplagt hätten, ich das Leid der Tiere verinnerlichte, aber ehrlich gesagt, war ich einfach nur froh, dass meine Uniform nicht mehr wie ein leerer Jutebeutel an mir hing.

Mein Verhältnis zu Lea hatte sich auf das Minimalste reduziert. Hin und wieder hörte ich Gerüchte über ihre neuen Liebhaber oder sah sie mit ihrer besten Freundin, der rothaarigen Katharina, im Birdclub tanzen. Dann versuchte ich mich abzulenken, mit anderen zu reden, woanders hinzuschauen und schaffte es doch nicht. Ich würde sie im Augenwinkel beobachten, hatte Probleme den Gesprächen zu folgen und würde irgendwann überstürzt den Raum verlassen. In einem Monat würde sie von Bord gehen und ich gab mein Bestmögliches, die Situation bis dahin nicht eskalieren zu lassen. Stattdessen hatte ich mich mit Hilko, dem Paradiesvogel der serbischen Band, angefreundet und verbrachte viel Zeit mit den Musikern an Bord.

Dubai kannte ich mittlerweile fast genauso gut wie das Schiff, was auch daran lag, dass es kaum einen Unterschied zwischen der arabischen Shoppingmetropole und dem Urlaubsspaßkahn gab. Beides waren geschaffene Utopien. Dubai war die Ausweitung der künstlichen Schiffswelt, ein im Sonnenschein funkelnder kapitalistischer Traum. Fernab des Marmors und der Glasfassaden, dort wo die Häuser gebückt und müde auf ihre Sanierung warteten, wohnten die gleichen Menschen wie im Crewbereich des Schiffes: Die Arbeiter, die den Traum am Leben hielten. Und auch die Verhaltensweisen im Zentrum ähnelten der Schiffswelt, kaum jemand ging mehr als zehn Meter zu Fuß, draußen war es unerträglich heiß und überall drinnen erkältungsgefährdend kühl. An jeder Ecke Touristen mit Kameras. Männer durften gesellschaftlich akzeptiert mit mehreren Frauen zeitgleich anbandeln und die grüne Natur bestand auch hier hauptsächlich aus Plastik. Das Schiff war von Wasser umgeben, Dubai von der Wüste und trotzdem verschmolzen beide Orte zu einer großen Blase, in der ich seit zwei Monaten lebte.

*Das Beste an der Dubai Mall:
das Kamelmilch-Eis im Souk-Bereich.*

Joseph: Der verschwundene Ring

In kreisrunden Bewegungen massierte ich mir die Schläfen. Nichts an diesem Sachverhalt ergab einen Sinn. Wer würde einen Ehering klauen? Ivanka hatte ich nie auf die Kabine eingeladen. Und warum hatte der Dieb nicht auch die Kette mitgenommen? Die war wenigstens aus Echtgold, ein Erbstück meines Vaters.

Erneut wiederholte ich die Fakten: Ich war zum Landgang mit Mozart verabredet gewesen. Dazu hatte ich die Sonnenbrille aus dem Etui genommen. Aus Versehen war dabei die Kette auf den Boden gefallen. Als ich sie aufhob, bemerkte ich, dass der Ring fehlte. Das Kreuz war da, die Kette verschlossen. Zu jedem Vertragsbeginn fädelte ich den Ring auf die Kette und verwahrte ihn im Brillenetui, bis ich wieder nach Hause fuhr. Jemand musste also die Kette geöffnet und den Ring entwendet haben. Bei diesem Diebstahl ging es eindeutig um mehr als den reinen Materialwert.

Früher bei der Polizei hatten wir oft Rache oder Eifersucht als Motive. Emotionale Bestrafung. Einmal hatte eine Frau das Auto und den Wellensittich ihres Exmannes gestohlen. Wochen später fanden wir den Wagen in einer Grube im Wald, der Vogel lag tot auf dem Beifahrersitz.

Aber mein Ehering? Mir fiel absolut kein Motiv ein, dass diese Tat erklären könnte. Daher war es auch nicht möglich, einen Kreis an Tatverdächtigen einzugrenzen. Eine Schiffskabine war nicht wie die eigene Wohnung, viele Personen waren autorisiert, die Tür zu öffnen. Einmal in der Woche kam das Housekeeping, pro Vertrag fand mindestens eine Kabineninspektion der technischen Offiziere statt, dafür besaßen sie Schlüsselkarten, die Zugang zu sämtlichen Kabinen ermöglichten. Jemand hätte sich so eine Karte organisieren können. Oder war es vielleicht einer meiner Gäste? In letzter Zeit waren das Silvie aus dem Spa, Jana aus dem Shop und seit neuestem Nadine aus der Küche. Aber vielleicht war der Ring auch schon viel länger verschwunden.

Zuletzt hatte ich die Sonnenbrille in Abu Dhabi aus dem Etui genommen. Ob der Ring da noch an der Kette hing, konnte ich beim besten Willen nicht sagen. Bei der Polizeiarbeit hätten wir als nächstes nach einem Zeugen ermittelt. Vielleicht hatte Beck etwas gesehen.

> *Das einzige Mal, dass der Möwenkopf nicht grinst? Auf den Auswertungszetteln nach der Inspektion einer unordentlichen Kabine.*

Maya: Diese Sache mit dem Naturschutz

„Seabird profitiert als wirtschaftliches Unternehmen von der Schönheit der Natur. Daher ist es nur logisch, dass die Kreuzfahrtgesellschaft sich für deren Schutz einsetzt. Ich bin an Bord, um sicherzustellen, dass alle staatlich dafür vorgeschriebenen Richtlinien eingehalten werden", erklärte die blonde Frau Mitte 30, die sich als Umweltoffizierin Rebecka und studierte Meeresbiologin vorgestellt hatte. Auf der Präsentation hinter ihr erschien das Bild eines Schabentieres.

„Wenn ihr sowas seht, auf keinen Fall rauftreten!" Umweltoffizierin Rebecka erhob ihren rechten Zeigefinger. „Die Eier der Kakerlake könnten in euren Schuhrillen hängenbleiben und sich auf dem gesamten Schiff verteilen. Was tut man stattdessen?" Ihr Finger richtete sich schwungvoll auf den Typ in weißer Küchenuniform, der gelangweilt Kaugummi kaute.

„Einfangen und in die Suppe damit." Er grunzte beim Lachen. Rebecka runzelte die Stirn. Ob sie sich das bei ihrem Studium so vorgestellt hatte? Sicher wollte sie lieber Wale streicheln oder Algen züchten. Stattdessen wurde sie von einem Haufen Crewmitglieder müde angestarrt. Sicherheitsschulungen wie diese fanden in unregelmäßigen Abständen statt und wurden mehrmals wiederholt für den Fall, dass der viele Alkohol, die Putzchemikalien oder die Salzluft das bereits erlangte Wissen weggeätzt hatten. Somit waren die Schulungen eine markante Unterscheidungsinstanz in unserer wöchentlichen Routine, in der ich steckte wie ein Druck auf Büttenpapier in seinem Acrylglasrahmen. Verkaufspreis wahrscheinlich 195 oder 265 Euro, je nach Auflagenzahl.

Der Termin dieser Sicherheitsschulung war dem Thema Umweltbewusstsein gewidmet. In Anbetracht der Tatsache, dass Kreuzfahrtschiffe zu den größten Klimasündern gehörten, hielt ich das für ein wesentlich interessanteres Anliegen als die Arten der Inbetriebnahme der verschiedenen Rettungsboote. Manchmal beunruhigte mich die Tatsache, dass ich mit meiner Arbeit bei Seabird deren Umweltpolitik unterstützte. Wie sollte ich zukünftigen Generationen erklären, warum ich meine Lebenszeit der Vernichtung unseres Planeten gewidmet hatte? Die Angestellte in mir honorierte diesen Gedanken lediglich mit einem passiven Schulterzucken, immerhin würde es auch ohne mich Kreuzfahrten geben.

Mein schlechtes Gewissen war auch kaum erwähnenswert im Vergleich zu der aufbrausenden Wut, die Lea zu dieser Thematik in sich zu tragen schien.

Umweltoffizierin Rebecka beendete ihre Präsentation, eine Art Werbeprospekt für die Naturschönheiten dieser Welt, mit den freundlichen Worten:

„Im Grunde sind Kreuzfahrten auch kaum schädlicher als Flugzeugfliegen. Trotzdem bemüht sich Seabird in Zukunft umweltfreundlichere Schiffe mit Gas- statt Schwerölantrieb zu bauen und wird auch weiterhin mit seinen Einnahmen die Aufforstung des Regenwaldes zum CO^2-Ausgleich unterstützen." Gerade wollte sie ihren Laptop zuklappen, da schnellte Leas Hand in die Höhe. Sie saß in der ersten Reihe neben der rothaarigen Katharina.

„Was sagen Sie dazu, dass die Feinstaubbelastung auf dem Pooldeck höher ist als der zugelassene Grenzwert deutscher Autobahnen?", fragte Lea.

Umweltoffizierin Rebecka zog ihre Augenbrauen in die Höhe „Es wird niemand gezwungen, das Pooldeck zu nutzen." Ihre Stimme war etwas leiser geworden.

„Und die Belastung der Hafenstädte? Niemand ist gezwungen, dort zu wohnen? Wer bezahlt sie eigentlich?"

„Seabird natürlich."

„Finden sie das nicht etwas widersprüchlich?" Lea reckte ihr Kinn nach vorn, Umweltoffizierin Rebecka verschränkte die Arme vor der Brust.

„Sie sollen zur Einhaltung der staatlichen Auflagen ihres Arbeitgebers beitragen von dessen Engagement sie abhängig sind. Das ist, als würde ich einen Privatdetektiv engagieren, um sie auszuspionieren und sie müssten dafür bezahlen."

Die Kaugeräusche des Küchentypen stoppten.

„Jedes Hochseeschiff muss einen Umweltoffizier an Bord haben und selbst dafür Sorge tragen. Ich habe mir dieses System nicht ausgedacht."

„Wer sagt denn, dass Seabird sie dann nicht dafür bezahlt, wegzugucken?"

Die rothaarige Katharina lehnte sich distanzierend von

Lea weg.

„Ich kann Ihnen versichern, mir liegt die Zukunft unserer Umwelt am Herzen."

„Das bezweifelt hier auch niemand", schaltete sich ein Techniker aus der letzten Reihe dazwischen, „Jetzt macht euch mal locker. Auf'm Frachter ham wir früher kaputte Kühlschränke mit Autobatterien beschwert und im Meer versenkt. Das bisschen Brachwasser heutzutage ist nichts dagegen. Ist doch alles easy. Und wer kann schon beweisen, dass es die Klimaveränderung nicht so oder so geben würde? Wenn ihr mich fragt, ist der ganze Aufruhr nur konstruiert, um uns von dem abzulenken, was wirklich in der Welt abgeht."

Lea stand auf und drehte sich dem Techniker zu. „Alles easy? Kreuzfahrtschiffe sind kapitalistische Parasiten, die unseren Planeten aussaugen."

„Und was machst du dann hier?", fragte der Techniker schnippisch.

„Das werdet ihr schon noch sehen!" Damit stürmte sie aus dem Raum.

„Die hat doch'n Knall." Der Techniker erhob sich. Rebecka starrte aus dem Fenster, während wir nacheinander den Raum verließen. Von außen betrachtet hatte Leas rebellierende Energie einen wunderbar unterhaltsamen Charakter. Und eine Kakerlake habe ich übrigens in meiner gesamten Zeit an Bord nicht gesehen.

Du liebst Kreuzfahrten? Dann pflanze einen Baum. Noch heute!

Joseph: Zorro

Vergeblich hatte ich nach meinem Ring gesucht. In der Müllabteilung gab es eine Dose – Auf See gescheiterte Ehen – in allen Farbnuancen und *Forever*-Versprechen, aber mein Ring mit der Delle und den beiden Kratzern war nicht dabei. Sämtliche Auffindungsversuche waren ins Leere gelaufen und Beck hatte auf meine Nachfrage nur sowas wie „woher soll ich denn das wissen" gemurmelt und sich wieder seinem Notizbuch zugewandt.

Es war, als wurden mir meine Wurzeln entrissen. Seit Ivanka wie ein Schädling über mich hergefallen war, hatte sich ein merkwürdiges Gefühl des Ausgeliefertseins in mir verankert. Meine Mutter, der Ring, zunehmend fühlte ich mich wie ein Passagier auf der Nussschale im Fluss meines eigenen Schicksals. Die Kostümparty bot eine großartige Gelegenheit, dieses Gefühl, mein Leben, für einen Abend zu vergessen und mir als Zorro eine Elena zu suchen.

Zorro war schon immer mein Lieblingsheld. Mein Bruder und ich hatten die Filme so oft gesehen, dass an einigen Stellen das Bild flackerte und die Tonspur der Videokassetten fehlte. Dann sprachen wir die Dialoge einfach selbst und fochten anschließend vor der Werkstatt mit rostigen Metallstangen. Er war Don Diego und ich sein Schüler, so waren wir beide Zorro, der Ältere und der Jüngere. Hatte mich mein Bruder zu sehr geärgert, malte ich ihm nachts ein Z auf die Wange. Das war jahrelang eine wunderbare Tradition bis er aus Versehen damit in die Arbeit ging und unnötigerweise die Hoheit unseres Vaters in die Situation mit einbezog. Ab dann musste der junge Zorro für sich allein für Gerechtigkeit kämpfen und die hübschen Frauen verführen, was zugegebenermaßen beides ausschließlich in meinem Kopf stattfand. Nataşa und ich waren als Zorro und Elena schon oft ein Paar gewesen, als sie noch gar nicht wusste, wer ich überhaupt war. Davon geschmeichelt hatte sie mir zu unserem ersten Jahrestag ein Zorrokostüm geschenkt. Leider kam es nie zum Einsatz, sondern lag jahrelang eingestaubt auf dem Kleiderschrank, bis ich von den Kostümpartys bei Seabird erfuhr. Zorro, mein braver Begleiter zu jedem Vertrag.

Wenn du jemand anderes sein willst, sei ein Held.

Maya: Die Wahrsagerin

Vor Wochen hatte mich ein älterer Herr in der Galerie mit meinem vollen Namen angesprochen.
Maya Meißner.
Nagut, er hatte Frau Meißner gesagt, aber immerhin: Er hatte sich die Mühe gemacht, mein Namensschild zu lesen. Es war das erste Mal in vier Monaten, dass ein Gast mich persönlich angesprochen hatte. Eine Wohltat! Er hätte mir genauso gut die Hand aufs Herz legen und sagen können: Mein Kind, ich sehe, dass Sie mehr sind als

eine Angestellte. Ein Mensch wie ich. Nie war der Unterschied zwischen mir und der Seabird-Mitarbeiterin so fühlbar wie in diesem Augenblick. Frau Meißner, das war ich. Obwohl wir alle Namensschilder trugen, kannte man deren Aufschrift nur von seinem engeren Bekanntenkreis. Stattdessen wurden die Positionsbezeichnungen oder äquivalente Spitznamen benutzt. Die Floristin hieß Blümchen, ich wurde Galeria genannt, der Herr Hotelmanager, der Herr Kapitän, Herr oder Frau Doktor. Die Menschen wechselten, aber ihre Bezeichnungen blieben die gleichen.

Karneval war der einzige Anlass, an dem wir unser Namensschild in der Kabine lassen durften. Man verkörperte die Rolle seines Kostüms und nicht die eigene. Eine unglaubliche Auswirkung! Die Atmosphäre des Schiffes erinnerte mich an ausgebrochene Tiere im Zoo. Viele Kostüme waren so aufwändig und detailliert, dass ich niemals hätte erraten können, wer oder welche Position sich dahinter verbarg. Eigens für Karneval gab es sogar einen riesigen Kostümfundus auf dem Schiff.

Aufgrund des hohen Betriebes in der Galerie hatte ich leider keine Gelegenheit gehabt, dort hinzugehen. Daher stellte ich mir ein Outfit aus meinen eigenen Sachen zusammen. In Dubai hatte ich mir eine ausladende orientalische Hose gekauft, dazu wickelte ich mir einen meiner fünf neuen Schals aus Muscat um den Kopf. Bei jedem Besuch hatte ich mir einen gekauft, weil die Verkäufer auf dem Markt sie so schön anpriesen: ein Traum von Alpacka, kuscheliges Kamelhaar, feine Seide, kein Plastik, kein Plastik. Zum Beweis zündeten sie eine kleine Ecke an, alle drei Schritte brutzelte irgendwo ein Schal, dessen

Qualm sich mit dem Geruch von Weihrauch und Gewürzen vermischte. Zum Ende meines Vertrages hätte ich eine eigene Schalhandlung eröffnen können. Kein Plastik!

Ein aufgemaltes Auge auf meiner Stirn ergänzte das Kopftuch. Das überzeugende Outfit einer Wahrsagerin, wie ich fand.

Tücher sind die schönsten Andenken aus dem Orient, kauf dir eins, kaufe jedem Menschen eins. Kein Plastik!

Joseph: Die Kostümparty

Die Stimmung im Birdclub war phänomenal. Ganz im Sinne unserer Rollen fochten Mozart und ich wilde Duelle mit Cocktailspießern. Ein betrunkener Offizier in Froschkostüm pokerte an der Bar mit zwei Affen um seine Offiziersstreifen. Zorro hatte mich wie immer nicht im Stich gelassen. Mit seiner Aura und meinem Charme war es ein Leichtes, eine Elena zu finden. Die diesjährige stand nicht unbedingt auf meiner Wunschliste, aber ihr Outfit hatte mich an die Zigeuner zuhause erinnert.

Leider hatte diese Nacht auch dazu geführt, dass die Situation mit Beck eskalierte. Aber was soll ich sagen, wir waren nun einmal auf einem Kreuzfahrtschiff. Früher oder später wäre es sowieso so gekommen, der tickte nicht ganz richtig. Welcher normale Mensch klaute schon einen Ehering?

Kein normaler Mensch klaut einen Ehering.

Maya: Lava Lounge

Ich hatte schon immer eine Schwäche für Antonio Banderas. Gut, das ist nicht unbedingt eine Entschuldigung. Trotzdem habe ich erst sehr spät gemerkt, wer er eigentlich war. Die meisten Barmänner waren als Piraten oder Matrosen verkleidet, nur er ging als Zorro. Mit Maske und Hut, ganz in schwarz. Darin sah er viel schlanker aus als sonst.

Lea war eine Prostituierte. Ich sah sie auf der Tanzfläche. Russischer Fellhut, bauchfrei, enge Lederhose, kurze Peitsche: Kein Kommentar. Neben ihr Fußballfans, ein Penner und einer der Techniker hatte sich als Ballerina verkleidet.

Hatte ich mich unlängst darüber gefreut, mit meinem eigenen Namen angesprochen zu werden, empfand ich es nun befreiend, einen ganz anderen Namen zu tragen. Die Verhaltensregeln, nach denen sich Seabird-Angestellte zu richten hatten, erschienen obsolet. Es gab keine Trennung zwischen Rängen oder Abteilungen, zwischen Besatzung und Gästen, jeder redete mit jedem. Eine komplett neue Erfahrung. An keinem anderen Tag fühlte ich mich so frei, so wie ich selbst, wie an jenem Abend, wo ich jemand ganz anderes war. Magina, die Wahrsagerin. Ich musste in der Nacht vielen die Zukunft voraussagen – große Lieben und schöne Schicksale, aber was mir selbst passieren würde, hätte ich nicht im Traum erahnt. Ausgerechnet mit ihm! Wochenlang hatte ich einen Groll auf diesen Volltrottel gehegt und dann hat gerade er mich um den Finger gewickelt.

„Touché."

Er und ein dicker Pirat fochten hinter der Bar mit Cocktailspießern. Es war weit nach Mitternacht, ich war gut betrunken. Es wurde geknutscht, getanzt und an einem Ende der Bar wild Karten gespielt. Meinem dritten Auge war schwindelig, als ich das leere Ginglas auf den Tresen stellte.

Zorro zeigte mit dem Spießchen auf mich.

„Möchte die schönste aller Frauen im Land noch ein Getränk?"

„Ich glaube, das wäre etwas übertrieben."

„Wieso, siehst du hier noch eine weitere Frau?" Eigentlich hatte ich meinen gesättigten Alkoholpegel gemeint, trotzdem blickte ich mich um. Jessica ging als Katze, hinter ihr tanzten ein Papagei und andere Kreaturen. Das einzig menschliche Wesen im Club war Maik, der sich als Popeye verkleidet hatte.

Ungefragt schob Zorro mir ein neues Getränk entgegen.

„Für die Gerechtigkeit! Auf Kosten des Hauses." Er streckte seinen Arm über den Tresen und berührte meine Wange. Ich zuckte zusammen, kitzelnd fuhr die raue Kuppe seines Daumens ein imaginäres Z auf meiner Haut entlang.

„Markiert Zorro nicht eigentlich die Bösewichte?"

Er zog seinen Arm zurück. „Korrekt! Sie, meine Dame, sind schuldig der Anklage. Sie haben mein Herz gestohlen."
Auweia. Zu seinem Glück war ich wirklich sehr betrunken. „Dafür muss ich Sie entführen schöne Frau, nach Dienstschluss auf die Lava Lounge."

Damit hatte er mich. Einige Male hatte ich andere Besatzungsmitglieder über die Lava Lounge sprechen gehört und mich stets gefragt, wo sich dieser mysteriöse Ort befand. Hatte ich geahnt, wer er war? War ich überrascht, als er die Maske abnahm? Wohl kaum. Auf dem Tisch der Kabine lag sein Namensschild. Joseph Kaputh. Warum war ich mit ihm mitgegangen? Hatte mein eigenes ich jede Selbstachtung verloren oder war es die Wahrsagerin und gar nicht ich gewesen? War es der Alkohol oder die Distanz auf See?

Ich hatte keine Ahnung, dass sein Kabinenmitbewohner auch anwesend war. Das Blubbern der Lavalampe war sehr ablenkend gewesen. Im Nachhinein wusste ich nicht einmal mehr, ob der Vorhang vom Oberbett geschlossen oder offen war, als wir die Kabine betraten. Alles ging ziemlich schnell. Wir küssten uns und ich spürte nicht einmal, wie er den Verschluss meines BH's unter meinem Shirt öffnete. Als ich unter ihm auf seinem schmalen Bett lag, fragte ich mich kurz, ob Lea hier wohl auch gelegen hatte. Dann raschelte es hinter meinem Kopf. Ich öffnete die Augen und sah, wie er sich etwas in den Mund stopfte. Er kaute. Wieder griff seine Hand zu dem Regal am Bettende hinter mir, während er sich rhythmisch auf mich drückte. Erneutes Rascheln. Etwas kleines rundes plumpste aus seiner Hand und kullerte auf meinen Bauch.

„Schokorosine."

Bewegungslos starrte ich ihn an.

„Was ist? Findest du das komisch? Willst du auch welche?" Er griff erneut zur Tüte. Eine merkwürdige Leere überkam mich.

Eine andere Frau wäre vielleicht schockiert über seine Abgestumpftheit gewesen, aber ich erkannte darin mich selbst. Meine Belanglosigkeit. Nahmen wir uns am Ende nicht alle viel zu wichtig? Waren wir nicht sowieso austauschbare Elemente? Lea war mein verzweifelter Versuch gewesen, Zuneigung zu spüren, mich besonders zu fühlen. Auch bei Joseph war ich offensichtlich ein austauschbares Element. Seine Abgestumpftheit rechtfertigte nicht nur meinen inneren Zustand, sie legitimierte auch meine Zeit an Bord und erregte mich sogar. Ich stöhnte, er kaute. Ich wurde lauter, er schmatzte. Jeder Höhepunkt entfesselte die Abneigung, die ich in mir festgehalten hatte, meine Schwäche der Angestellten gegenüber, ich schrie sie heraus.

„Jetzt kommt schon, werdet mal fertig! Ich will endlich schlafen!", brüllte eine fremde Stimme über uns. Joseph grinste schokofleckig in meine vor Schock geweiteten Augen.

Kabinenmitbewohner teilen sich nicht neun Quadratmeter, sie teilen sich das Leben.

Joseph: Der wahre Beck

Ich gebe zu, für Becks Verhältnisse war er ziemlich laut geworden. *Jetzt kommt schon.* Woher sollte er auch wissen, dass ich das so gut wie nie tat. Seit ich Nataşa geschwängert hatte, trauten sich die Kleinen nur selten ins Freie. Immerhin gut für die Ausdauer. Aber dass er so ausrastet, hatte mich wirklich überrumpelt.

Kaum hatte Magina die Kabine verlassen, ging es los. Als ich aus dem Bad kam, war die Lavalampe ausgeschaltet. Blendendes Weiß der Neonröhren. Beck stand vor dem Doppelstockbett und hielt mein Sonnenbrillenetui in der Hand.

„Ich kann einfach nicht mehr. Kaum zu glauben, dass ich dich anfangs tatsächlich beneidet habe." Er schüttelte den Kopf. „Jede Woche eine andere Frau. Das ist doch pervers. Hast du überhaupt schon gemerkt, dass dein Ring wieder da ist?"

Verwirrt hielt ich mich am Türrahmen fest.

„Du hast eine Ehefrau zuhause, Mann, zwei süße Kinder, weißt du, wie sehr sich das manch anderer wünscht? Du redest davon, hier deine große Freiheit zu haben, aber in Wirklichkeit leben wir wie Ratten in einem Käfig. Fällt dir denn überhaupt nicht auf, dass du das gleiche machst wie deine Mutter damals? Du bist so ein feiges Arschloch, jammerst ständig rum, dabei ist das einzige, was dich von deinem Glück abhält, du selbst."

„Was geht dich das an?" Etwas anderes fiel mir nicht ein, mein Bruder hatte mich das früher oft gefragt.

„Checkst du es überhaupt noch Alter? Nicht nur, dass du

deinen Schwanz in alles steckst, was atmet, du musstest mir auch noch mein Mädchen klauen."
Nun verstand ich gar nichts mehr.
„Sophie, die Reiseleiterin." Ein erwartungsvoller Blick, ich kratze mich am Ohr.
„Die Nacht bevor deine Russin wiederaufgetaucht ist. Als die Blonde aus dem Spa hier war, die und Sophie. Ich hab die echt gern gehabt, Mann. Und du nimmst sie dir einfach, als wäre unsere Kabine ein All-you-can-eat-Buffet. Das ist doch nicht normal."
„Ich dachte, du kannst nicht. Da wollte ich eben einspringen."
„Einspringen? Du hast sie nicht alle. Frisst Rosinen beim Sex, als würdest du einen Film schauen und glaubst, du müsstest einspringen, wenn mich das nervös macht. Alter, denk doch mal nach. Was hast du denn von dem Scheiß? Die ganze Nummer ist echt bemitleidenswert. Machst ständig auf dicke Hose und hattest dann nicht einmal die Eier, dieser Russin zu sagen, dass du kein Interesse an ihr hast."
„Die hatte aber auch wirklich einen an der Klatsche."
„Damit solltest du dich doch auskennen." Er warf das Brillenetui auf mein Bett. „Ich geh an die Luft."
Überraschend leise schloss Beck die Tür hinter sich.

Fassungslos starrte ich auf meinen Ring. Als wäre er nie fort gewesen, baumelte er neben dem Kreuz an der Kette und erzählte wie immer von den Quälereien, die er durch meine Kinder erfahren hatte. Was um Himmels Willen hatte Beck damit nur bezwecken wollen? Er war derjenige, der nicht richtig tickte!

Becks Notizbuch lag auf seinem Bett. Normalerweise

ließ er es nicht einfach rumliegen. Unter anderen Umständen hätte ich es niemals gewagt, in die Privatsphäre meines Mitbewohners einzudringen, aber so?! Ohne zu zögern, schlug ich es auf. Darin einige Kritzeleien – das Meer, ein Kamel, er zeichnete wirklich nicht schlecht. Zu jedem Bild ein Gedicht. Ich wollte das Buch schon wieder zuschlagen, als ich bei der Skizze eines Mannes hängenblieb. Schwulstige Stirn, breite Nase, kurzes Haar, das war eindeutig ich. Auch neben mir ein kurzer Text:

Was ist des Menschen Abgrund,
sein eigen Lebenswahl,
der Sinn im biologischen Triebe,
unbemerkt der eignen Qual.

Maya: Die Beförderung

Das Geräusch eines Urinstrahls, der auf Plastik trifft. Ich glitt in die weiße Bluse, wenn ich zuerst die drei Knöpfe in der Mitte schloss, konnte ich die restlichen auf dem Weg zum Fahrstuhl zuknöpfen. In fünf Minuten musste ich die Galerie öffnen. Ein fast unmögliches Unterfangen in Anbetracht der Tatsache, dass ich mich sieben Decks darunter befand. Reißgeräusche von Klopapier, sie betätigte die Klospülung. Keine Ahnung, warum sie nicht einfach die Badtür schließen konnte.

„Und dann besitzt diese Frau noch die Frechheit in unserer Kabine zu wohnen."

Ich schlüpfte in meine Arbeitsschuhe. Jeden Abend lockerte ich die Laschen, um den Anziehprozess zu beschleunigen. Ein letzter überprüfender Griff ans Namensschild und ich öffnete die Tür. Wollte ich wirklich weitermachen?

„Ich sag dir, das macht die aus purer Habgier", hörte ich sie noch durch den Spalt, während ich bereits den Flur entlang sprintete.

Seit dem letzten Dubai-Aufenthalt wohnte Jessica bei mir, seit die Ehefrau ihres Freundes Lubosh für einen Weihnachtsbesuch mit den Kindern an Bord gekommen war. Jessicas Umzug hatte meinen routinierten Schiffsalltag vollkommen auf den Kopf gestellt. Die neun Quadratmeter meines Kabinenheiligtums bildeten normalerweise meinen fensterlosen Raum zum Durchatmen, jetzt war aus meinem Rückzugsort ihr Therapiezimmer und begehbarer Kleiderschrank geworden. Da sie Luboshs wesentlich größere Offizierskabine komplett räumen musste, hatte sie die Früchte ihrer Orientshoppinggelüste bei uns verstreut.

Wenn ich eine Lebensregel hatte, dann war es die, niemals etwas mit einem verheirateten Mann anzufangen! Wenn das niemand machen würde, würde auch niemand betrogen werden.

Ich liebte meine Einzelkabine allerdings viel zu sehr, um mich in Jessicas Angelegenheit einzumischen. Außerdem ging mir dieser Rosinen-Kerl nicht mehr aus dem Kopf. Meinetwegen hätte er mich auch mit Trockenfrüchten bewerfen oder Schokodatteln auf mir zerdrücken können. Hauptsache ich verspürte noch einmal diese wunderbar betäubende Bedeutungslosigkeit in seiner

Gegenwart, die alles rechtfertigte. Wenn nichts Bedeutung hatte auf dieser Welt, ich nicht, er nicht, Lea nicht, dann war es in Ordnung, meine Lebenszeit einem Ziel zu widmen, das mir im Grunde egal war. Es war richtig, auf dem Schiff zu arbeiten, die Umwelt zu belasten, das Denken vor Müdigkeit aufzugeben. Nichts spielte eine Rolle. Genau danach sehnte ich mich, nicht nachdenken, nicht zweifeln, nur handeln.

Auf dem breiten Mittelgang stapfte mir missmutig ein Mitarbeiter in weißem Overall entgegen. Allgemein war die Stimmung auf dem Schiff seit kurzem sehr bescheiden. Der neue Kapitän, ein Italiener, hatte ein absolutes Alkoholverbot für die gesamte Besatzung ausgerufen. Irgendwer hatte ihm gesteckt, dass der erste Offizier beim Pokern seine Streifen verloren und sich wegen Fahruntüchtigkeit am Tag nach der Kostümparty krankgemeldet hatte. Es folgte eine Nullpromille-Regel und eine zusätzliche Sicherheitsschulung zum Thema Betrunkenheit auf See für alle.

Im Ausfallschritt erreichte ich den Fahrstuhl. Der Knopf leuchtete bereits rot. Ein Typ aus dem Casino und ein Philli mit Staubsauger grinsten hämisch, als ich mir hektisch die Bluse in die Hose steckte. Wollte ich das wirklich noch einmal? In sechs Wochen würde mein Vertrag enden. Noch sechsmal Dubai, sechs neue Schals, sechsmal Gäste, die mit ihren Bordkarten um den Hals durch Abu Dhabi watscheln. Oder würde ich es noch einmal machen?

„Warum arbeitest du hier?", hatte ich Jessica in der vorigen Nacht gefragt. Ausnahmsweise hatte ihre Anwesenheit einen entscheidenden Vorteil, denn sie hatte mich zu einer Elektrikerparty mitgenommen. Bunte LED-Lichter und eine Diskokugel in der Mitte der Werkstatt, die die Hämmer und Schraubenzieher an den Wänden abwechselnd rot und grün zum Leuchten brachten. Aber das Beste: Die Herren in Blau hatten Bier und Schnaps in den gekühlten Leichentruhen gebunkert.

„Auf die Überlebenden!", brüllten die Techniker bei jedem Anstoßen, froh darüber, dass der Schatz nicht aufgeflogen war. Außer uns waren noch drei weitere Frauen anwesend, eine junge rumänische Auszubildende aus dem Maschinenraum, die dem Rumgefummel nach, eine Affäre mit einem Kollegen hatte, die korpulente Jana aus dem Shop und eine Frau vom Housekeeping, die mit einem der Techniker verheiratet war. Fünf Frauen und ungefähr zehn Techniker. Nur Lubosh war nicht da, eine Tatsache, die Jessica fast um den Verstand brachte, weshalb sie sich die meiste Zeit schweigend an ihr Weinglas klammerte und zischte: „Dass sie ihm nicht einen einzigen freien Abend gönnt."

„Warum arbeitest du eigentlich hier?", wollte ich von ihr wissen. Die Frage, die mich selbst die ganze Zeit beschäftigte.

„Ist das dein Ernst?" Irritierter Blick, ihre Hand zwirbelte an den Spitzen einer blonden Strähne.

Ich nickte.

„Weil es der beste Job auf der ganzen Welt ist."

Meine Augenbrauen sprangen nach oben.

„Wir sind jede Woche woanders. Momentan ist vielleicht eine Ausnahme, aber auf anderen Routen fährst du einmal um die ganze Welt. Während die Leute sich in Deutschland den Arsch abfrieren, scheint bei uns immer

die Sonne. Ständig ist was los. Ich habe vor Seabird an einer Hotelrezeptionen gearbeitet. Jeden Tag das gleiche. Klar, die Gäste wechselten, manche kamen wieder, aber im Grunde waren es immer dieselben Situationen, nie passierte etwas Aufregendes, und meine Kollegen, ich sags dir, ein Haufen beschränkter Landpomeranzen. Mit Mitte 20 habe ich mich gefragt, ob es das jetzt gewesen sein soll. Klar, ich hätte an ein anderes Hotel gehen können, aber wie lange hätte mich das schon befriedigt? Eines Abends auf dem Heimweg wollte ich mit meinem Auto gegen einen Baum fahren, einfach so. Zack." Sie schnippte mit den Fingern. „Ich zog das Lenkrad nach rechts und gab Gas. Mir hats nur den Seitenspiegel abgehauen, das Auto raste auf ein Feld." Sie atmete auf. „Das war der Augenblick. Ich wusste, ich musste dringend etwas ändern."
„Also bist du zu Seabird gegangen?"
„Ja, ich könnte mir keinen besseren Arbeitsort vorstellen."

Ihre Worte rollten seitdem wie kleine Murmeln über meine Zunge. *Kein besserer Arbeitsort.* Anastasia hatte mir eine Beförderung zur Galeristin angeboten, insofern ich weiterfahren wollte. Mein nächster Vertrag wäre kürzer, das Gehalt phänomenal, ich wäre abends bei den Auktionen im Fernsehen zu sehen, könnte hübsche Kleider tragen wie Valerie, Champagnerflaschen an Gäste verschenken. Ich hätte einen Offiziersstatus! Ich könnte mich frei auf dem Schiff bewegen, in jedem Restaurant essen, wann immer ich wollte. Es wäre ein komplett anderes Leben. Nur wäre ich eben nach wie vor auf einem Schiff. Ich hielt es nicht für den besten Job der Welt, aber was wusste ich schon vom Arbeitsleben.

Meine Mutter war Krankenschwester und erzählte jeden Tag, wer sich im Bett vollgeschissen hatte oder gestorben war. Vor Jahren kam ein verblutender Mann in der Notaufnahme auf sie zugerannt. Er konnte nicht gerettet werden und lebte trotzdem in ihren Alpträumen weiter, immer dann, wenn sie selbst nachts schreiend aufwachte. Das wollte ich definitiv nicht! Mein Vater war Angestellter bei einer Gartenbaufirma. Er liebte es, draußen zu arbeiten, dafür nahm er Rückenschmerzen in Kauf, ein kaputtes Knie und dass er sich ständig über die schlechte Bezahlung und seinen Chef aufregte.

Wenigstens wäre mir beim nächsten Vertrag klar, worauf ich mich einließ. Daran dachte ich immer und immer wieder, als wäre es die einzig sinnvolle Frage auf der Welt. Wollte ich das noch einmal.

Nachdem ich den Fahrstuhl verlassen hatte, kroch mir auf dem Weg in die Galerie ein bekannter Geruch in die Nase. *Frisch Gestrichen*-Schilder säumten die glänzend weißen Stahlwände des Crewgangs auf Deck zehn.
„Was ist der größte Feind des Schiffes?", hatte Karsten mich mal gefragt.
„Piraten?"
„Rost."
Mittlerweile wunderte ich mich nicht mehr, dass täglich jemand mit einem Farbeimer übers Deck lief. Ich wunderte mich überhaupt nicht mehr, stattdessen lockerte ich die Schnürsenkel meiner Schuhe vor dem Schlafengehen, ich kannte die Distanz in Minuten zu jedem Winkel des Schiffes. Ich war zu einem Rädchen dieses Uhrwerks geworden, dessen großes Ziel wie bei allen Angestellten die Zeitersparnis war.

Vielleicht war das auch der Grund, warum Jessica bei

ihrem besten Job der Welt die Tür beim Pinkeln offenließ. Ging halt schneller.

Als ich die Crewtür vom Gang zur Galerie öffnete, zeigte sich jedoch, dass ich schon wieder gar nichts wusste. Ein brauner Schleier hing von außen vor der Fensterscheibe. Irritiert drehte ich mich zum Theatersaal. Auch die große Glasfront war von irgendwas umgeben. Düsteres Unheil, wohin ich auch blickte.

Noch während ich mich fragte, was um Himmels Willen draußen los war, ertönte die Ansage des Kapitäns mit der Bitte, im Inneren des Schiffes zu bleiben.

Irgendwo wird immer gestrichen.

Joseph: Der Weihnachtsaufstand

Jemand hatte *bird* durchgestrichen und in Großbuchstaben *HÖLLE* darübergeschrieben. Ungefähr fünf Personen hielten das bemalte Bettlaken vor sich. Neben der *SeaHÖLLE* ein Möwenkopf, der sich aus einem riesigen Scheißhaufen reckte. Eine wirklich gute Illustration der aktuellen Lage. Fast hätte man darüber schmunzeln können, wären da nicht die etwa 500 Passagiere gewesen, die um das Laken herum seit Minuten aus voller Kehle „Kein Kreuzfahrtglück – Geld zurück" schrien. Alle waren überfordert mit der Situation, nicht nur die Passagiere.

Hätte es gebrannt, waren wir darin trainiert, das Schiff zu evakuieren, aber ein Aufstand? Niemand wusste so wirklich, wie in so einer Situation gehandelt wurde.

Die Offiziere versteckten sich im Crewbereich, keiner wollte Verantwortung übernehmen, nur hin und wieder wurde einer der wilden Meute zum Fraß vorgeworfen. Diesmal hatte der Lebensmitteloffizier den Kürzeren gezogen. Als Weihnachtsmann verkleidet hatte er aus einem Sack Schokoladentäfelchen verteilt. Als ob das die aufgebrachte Menge hätte besänftigen können. Beck musste mit einer Platzwunde ins Bordhospital gebracht werden. Beim Ducken vor einem Schokowurfgeschoss war er mit seiner dicken Rübe gegen das Regal mit den Whiskyflaschen geknallt.

Eben hatte ein zorniger Mann dem Lebensmitteloffizier den Weihnachtsmannbart runtergerissen. Zwei kleine Jungs schrien hysterisch wie die Sirenen eines Katastrophenmelders. Der verzweifelte Vater brüllte resigniert: „So ein scheiß Weihnachten ist das hier, da hätten wir auch zuhause bleiben können."

Der Dezember war immer eine besondere Zeit an Bord. Geschmückte Plastiktannen, Weihnachtsmusik, die Shopmitarbeiter in Elfenkostümen und das Grillschwein auf dem Pooldeck sorgten dafür, dass bei 30 Grad Außentemperatur niemand vergaß, um welche Jahreszeit es sich handelte. Doch in diesem Jahr kam alles anders: eine wahre Festtagskatastrophe. Dabei war ich sowieso schon mies drauf.

Zu gern hätte ich Weihnachten zuhause verbracht, die Geschenke der Kinder ausgesucht, mit ihnen den Baum geschmückt und das einzige Gute an meiner Schwiegermutter – ihre Kochkünste – genossen. *Mămăligă, Sarmale, Cozonac.* Manchmal bereitete sie zu meiner Heimkehr die typischen Kohlrouladen zu, dann war mein richtiges Weihnachten im Frühjahr oder Sommer.

Außerdem hatte ich die Verwaltungsfrau um eine andere Kabine gebeten. Diese Sache mit dem Ehering war jedoch zu abstrus, um sie glaubwürdig rüberzubringen. Beck und ich sollten uns die letzten Wochen zusammenreißen, jetzt nochmal umzuziehen wäre viel zu aufwendig, hatte sie argumentiert. Dabei hätte ich nur eine Reisetasche zu packen.

Und dann kam dieser Nord-Ost-Wind. Die ersten Auswirkungen hatten sich schon am Abend des 21. Dezember gezeigt. Einige Stunden zuvor hatten wir Abu Dhabi verlassen, die Nacht umhüllte das Schiff wie eine schwitzige Heizdecke. Ich hatte den Rollladen der Poolbar herabgelassen und war die einzige Person auf Deck. Ein seltener Moment: lediglich vom Meeresrauschen belebte Stille und den ganzen Raum für mich allein.

In der Ferne brannten zwei riesige Flammen wie Wegweiser einer dunklen Höhle. Überall im Persischen Golf fackelte das Erdgas als Nebenprodukt der Ölgewinnung aus übergroßen Feuerzeugen. Vor allem nachts ein ziemlich romantischer Anblick. Wie Lagerfeuer in unserem Garten. Hinter mir fiel eine Stahltür ins Schloss. Keanu, den alle Reeves nannten, zerrte den Hochdruckreiniger übers Deck. Ich begrüßte ihn wie jede Nacht mit einem Nicken und begab mich ins schlafende Innere. Auf meinem Weg ein ungewohntes Kratzen an den Fingerspitzen. Kleine Sandkörnchen hatten sich zu feinem Schmirgelpapier auf die Reling gelegt. Glänzende Schleifspuren, wo eben meine Finger langgestrichen waren. Ich dachte mir nichts dabei, wir befanden uns auf einem Meer im größten Buddelkasten der Welt, natürlich lag da ein bisschen Sand auf der Reling.

Am nächsten Morgen wurde jedoch nicht nur ich, wurden wir alle, eines Besseren belehrt. Beck schaltete wie immer den Fernseher auf den Kanal der Bugkamera, um wenigstens den Anschein von Tageslicht in unserer Kabine zu suggerieren. Diesmal ein vollkommen anderes Bild: anstelle des babyblauen Himmels presste sich die Schiffsspitze durch braunen Nebel. Auch die Kameras vom Pooldeck und dem Heck waren mit einem braunen Schleier überzogen. Ratlos blickten wir uns an – das erste Mal seit Tagen, dass wir uns überhaupt in die Augen schauten.

„Sehr geehrte Gäste, unsere Ankunftszeit in Bahrein wird sich verzögern, bitte bleiben sie zu ihrer eigenen Sicherheit im Inneren des Schiffes." Direkt nach der Ansage klingelte unser Kabinentelefon.

„Herrschoftszeiten, hobt's es scho gheat?", grollte Mozart aufgeregt, „de Poolbar bleibt heit gschloss'n. Zehn Joahr Dienst und no nie woa de a nur an oanzigen Tog dicht."

„Was ist denn los?", fragten Beck und ich in den Lautsprecher.

„Hobts es nu net ausse gschaut? Sondsturm vom Iran. Wer waß, ob ma heit überhaupt nu einlaufen kena. I sogs eich, des wird a Spaß werden heit mit de Gäst. Grod des so kurz vua Weihnochten."

Wie meistens sollte Mozart Recht behalten, doch weder er noch wir konnten ahnen, dass die gesamte Katastrophe sich in Wirklichkeit über mehrere Tage und verschiedene Etappen erstrecken würde.

Joseph: Tag 1 – Der Sandsturm aka Shokoladnij und das große Bier

Vor mehr als vier Stunden hätten wir in Bahrein anlegen sollen. Stattdessen umgab uns diese braune Wolke, in der nicht klar war, ob das Schiff sich fortbewegte oder einfach nur gegen den windbedingten Wellengang ansteuerte. Um Augen- und Lungenirritationen zu vermeiden, durften die Türen nicht geöffnet werden und da die Klimaanlage aufgrund des Sandes nur auf halber Kraft lief, fühlte es sich zwischen den braunen Scheiben bald an wie im stickigen Verdauungstrakt eines übergroßen Tieres. Gratis Glühwein und ein spontaner Weihnachtsmarkt auf Deck zehn sollte die Gäste milde stimmen. An Tannenzweigen pendelndes Lametta, sternenverzierte Verkaufstische, *I'm dreaming of a White Christmas* von der Bühne, draußen der Sandsturm.

In klobigen Bewegungen ruckelte Beck den Cocktailshaker über seine Schulter, einer seiner Talismane zeichnete sich unter seinem schwarzen T-Shirt ab, dabei war jede Art von Schmuck bei der Arbeit untersagt. Scheinbar ließ Beck seine abergläubische Schizophrenie nur bei mir raus. Psychoterror vom Feinsten und alle, sogar Mozart, hielten ihn für ein unschuldiges Lämmchen.
„Na, oba der Beck is a gonz a feiner Kerl, Joseph, du bist sicha ned voikumma unschuidig on dera Soch'."
Ich hätte kotzen können.
„Warum hast du meinen Ring geklaut?", hatte ich ihn gefragt und er nur wortlos mit dem Kopf geschüttelt. Seitdem das permanente Bedürfnis, ihm eine reinzuhauen.

„Hey Pappkopp, aufwachen!", schnalzte jemand neben mir. Ich hatte die zwei Typen nicht kommen sehen. Einer mit Feinripphemd und Strohhut, der andere im Poloshirt, beide gerötete Gesichter. „Zapf uns mal zwei Bierchen."
„Groß oder klein?"
„Klein?", fragte der Strohhut, „Was glaubst du denn, schau uns an, Große natürlich! Wir sind doch schon groß." Rasselndes Gelächter, das Polohemd klang als steckte ihm eine Trillerpfeife in der Luftröhre. Ich griff zum ersten Glas.
„Och, jetzt lach doch mal." Der Strohhut klopfte euphorisch mit dem Zeigefinger auf den Tresen. Schweigend stellte ich das halbvolle Glas ab und griff zum Zweiten. Die beiden feierten sich, als hätten sie den Witz des Jahrhunderts gerissen, ihre Gesichter wurden immer röter.
„Jetzt lach schon!", quiekte das Polohemd, „hast du denn gar keinen Humor?"
„I'm coming home, I'm coming home for Christmas", trällerte die Sängerin der Band.
Als ich immer noch nicht reagierte, hielt der Strohhut inne und rief übertrieben laut: „Alter, was stimmt mit dir nicht, kannst du nicht einmal über einen guten Witz lachen?"

Irgendwas explodierte in mir. Ich schmiss das zweite Glas so energisch auf die Abtropffläche, dass es zersprang. „Was hast du gesagt?", schrie ich voller Zorn in Richtung der Scherben. Die beiden verstummten, aber ich war nicht zu bremsen. Im Ausfallschritt stellte ich mich vor die zwei und riss dem Feinrippmann seinen Strohhut vom Kopf. Keine Ahnung, was ich damit bezwecken wollte. Ich knallte den Hut auf die Arbeitsfläche und wollte gerade erneut nach vorne schnellen, um das Polohemd beim Kragen zu

packen – mit Leichtigkeit hätte ich ihn mit einigen Handgriffen über den Tresen zerren und unschädlich machen können – aber kaum erhob ich meinen Arm, packte mich jemand bei den Schultern und schleuderte mich mit einer so großen Wucht nach hinten, dass ich gegen das Regal mit den Sektgläsern knallte. Ein stechender Schmerz in meinem Rückgrat, hysterisches Klirren.
„Entschuldigen Sie die Unannehmlichkeiten. Die Biere gehen selbstverständlich aufs Haus", sagte Beck zu den Typen und reichte den Strohhut über den Tresen. Hinter ihnen sah ich meine Mutter stehen, kopfschüttelnd, wie damals als mein Bruder und ich uns um die Spielzeugautos stritten.
„Das ist ja wohl das Mindeste!", rasselte das Polohemd. Jingle Bells auf der Bühne.
„Glauben Sie ja nicht, dass Sie so einfach davonkommen", brüllte der Strohhut über die Musik, „Das war körperliche Belästigung. Ich möchte sofort den Manager sprechen!"
Beck strich sich mit der Hand über den Hinterkopf. „Natürlich, bitte warten Sie dort drüben", er zeigte auf einen Stehtisch neben der Bar.
„Wir bleiben hier", protestierte das Polohemd.
Beck nickte und griff zum Telefon. Ich rieb mir über den Rücken.
„Tja Alter, erst nachdenken, dann handeln", das Polohemd tippte sich gegen die Stirn. Er rief noch irgendwas, doch die Musik übertönte ihn. Ich humpelte in den Lagerraum.

Eine Staubschicht überzog die Fensterscheibe zum Pooldeck. Resigniert ließ ich mich auf einer Weinkiste nieder und wartete auf den Barchef.

„Ssokoladnij, wass sollte der Sseiß?", zischte er schon kurz darauf.
Warum konnte er nicht einfach andere Wörter verwenden, Mist oder Unfug? Er musste doch wissen, dass er lächerlich klang.
„Deren Freigetränke werde ich dir von deiner Provision abssiehen!"
Ich wollte etwas protestieren, aber mir fiel nichts ein.
„Einen Folgevertrag kannst du dir natürlich absminken."
Vergessen, warum nicht vergessen?
„Wenn du noch eine positive Beurteilung möchtest, würde ich mich an deiner Sstelle jetzt zusammenreißen."

Ich ignorierte ihn und blickte zum staubigen Fenster: Kleine Dünen vor den gestapelten Liegen, das Pooldeck sah aus wie eine große verwaiste Strandfläche, nur dass der Sand aus der Wüste und nicht aus dem Meer stammte. Sandkörner statt Kunstschnee auf den falschen Tannenbäumen. Nichts war hier real. Es war an der Zeit, in die wirkliche Welt zurückzukehren.

Maya: Tag 2 – Der volle Hafen

Im Grunde war es wie Weihnachten bei mir zuhause, nur lauter. Auch in meiner Familie verbrachte man die Festtage damit, sich zusammengepfercht und vollgestopft gegenseitig Vorwürfe um die Ohren zu hauen. Wobei meine Mutter und Großmutter, um sich von ihren eigenen Streitpunkten abzulenken, eine Allianz gegen mich bildeten, während mein Vater wiederum versuchte, mit Monologen über das politische Weltgeschehen eine lähmende Trance herbeizuführen, was aber nie gelang, da mein schwerhöriger Großvater den Fernseher so laut stellte, dass man kaum sein eigenes Wort verstand und sich bald alle anschrien. Bei Seabird war das Geschrei einfach ein bisschen lauter.

Das Schiff hatte Bahrein nicht anlaufen können. Laut Aussage des Kapitäns hätte der Wind uns in den Hafen und gegen das Festland von Manama gedrückt. Selbst ein Einparkmeister wie Karsten hätte da nichts ausrichten können. Stattdessen wurde gewendet und erneut Kurs auf Abu Dhabi genommen.

Einige Gäste klagten über Platzangst und Atemwegsreizungen, die meisten Beschwerden bezogen sich jedoch auf den Wegfall von Bahrein in der Reisewoche. Woher sollten sie auch wissen, dass sie darüber eigentlich froh sein konnten.

Die im Seabird-Prospekt als eindrucksvolle Sehenswürdigkeiten deklarierten Ausflugsziele empfand nicht nur ich als eher unspektakulär: den Wolkenkratzer namens *World Trade Center*, der seien wir ehrlich, eben nicht mehr als ein Hochhaus war, von denen es hunderte im arabischen Raum gab. Dann die Rennbahn, ein großer Asphaltkreis mit Zuschauerrängen. Motorsportliebhaber mochten das durchaus interessant finden, aber ich persönlich fuhr normalerweise nicht um die halbe Welt, um mir eine Autobahn anzuschauen. Drittes Highlight war der *Schadscharat al-Haya*, der Baum des Lebens. Ein grüner, vierhundert Jahre alter Mesquite-Baum mitten in der Wüste. Mal abgesehen davon, dass in Europa Eichen wachsen, die dreimal so alt sind, was außer die Holzkohleindustriellen kaum jemand interessiert, waren die Spekulationen über die Wasserversorgung dieses Wüstenbaumes recht interessant.

Da die Frage wissenschaftlich nicht geklärt werden konnte und niemand offen zugab, das blättrige Heiligtum heimlich zu gießen, sahen kirchliche Anhänger in ihm einen Überlebenden des ehemaligen Garten Edens, dem biblischen Ort der Fruchtbarkeit und ich muss zugeben, hatte man sich zum Besuch für die *Tausend und eine Nacht – Sonnenuntergangstour* entschieden, sah der einzelne Baum im Dämmerlicht tatsächlich aus wie das opulente Schamhaar der hügeligen Wüste.

Stattdessen bekamen die Passagiere auf dieser Reise eine braune Endlosigkeit und goldene Weihnachtssterne präsentiert. Als sich der Sand am zweiten Tag gelegt hatte, freuten sich alle, bald von Bord zu kommen, aber kaum war der Hafen von Abu Dhabi in Sichtweite gewesen, erhielten wir einen Funkspruch, dass sämtliche Liegeplätze des riesigen Port Zayed belegt waren. Zu viele Schiffe waren zum Schutz vor dem Sandsturm außerplanmäßig eingelaufen und noch nicht wieder abgereist, darunter auch zwei andere Seabirdschiffe. Es gab nicht einmal einen freien Platz zum Tanken. Die Behörden wiesen uns an, bis Dubai weiterzufahren. Niemand war auf eine so lange Zeit auf See vorbereitet gewesen.

Joseph: Tag 3 – Der Ressourcenmangel

„Diese Weihnachtspropaganda ist nicht auszuhalten. Machen Sie dem ein Ende!" Die Dame im schwarzen Kleid, ein Rotwein, drei Martini, hatte auf das Namensschild des Hotelmanagers geschielt und war sofort über ihn hergefallen. Er war an die Bar gekommen, um sich nach den Beständen zu erkundigen, jetzt überzog ihn ein dünner Niesel aus Spucketröpfchen.
„Ich ertrage das nicht mehr, es gibt einfach keine Möglichkeit, diesem Weihnachtswahnsinn aus dem Weg zu gehen."

Es war der 24. Dezember. Die Leute hatten das Schiff seit drei Tagen nicht mehr verlassen. Sogar Mozart war mies drauf. Da bisher noch keine weißen Tischdecken in der Crewkantine ausgelegt worden waren, vermutete er, dass das Weihnachtsessen der Besatzung ausfallen würde. Das einzige Essen im Jahr, das tatsächlich schmeckte.

Nataşa hatte mir ein Bild von Yasmina und Andrej vor unserem Weihnachtsbaum geschickt. Bei meiner Abreise war Andrej das Schaukelpferd noch zu groß gewesen, mittlerweile thronte er darauf wie ein kleiner König. Yasmina hielt feierlich zwei rote Weihnachtskugeln in die Höhe, auch sie sah erwachsener aus. Wie gerne wäre ich an diesem Tag bei ihnen gewesen. Stattdessen phantasierte ich von meiner toten Mutter und hörte mir das konstante Gemecker der Gäste an.

„Wenn man wenigstens die Reise abbrechen und nach Hause fliegen könnte", jammerte die Frau an der Bar, „aber nein, hier kommt niemand weg. Im Grunde müssten Sie uns die Reisekosten zurückerstatten!" Ihr Zeigefinger bohrte gegen die weiße Uniform des Hotelmanagers, als befände sich der Rückerstattungsbetrag irgendwo in seinem Inneren. Behutsam ergriff er ihre Hand. „Gnädige Frau", auch er war Österreicher, „gegen eine höhere Gewalt ist halt niemand gefeit, nicht wahr - Seabird ist genauso ein Opfer dieser Naturkatastrophe wie wir alle miteinand. Owa bitte, i spendiere Ihnen nu an Martini."

Kein Kreuzfahrtglück – Geld zurück. Mit ihr hatte alles begonnen. Wie eine Epidemie hatte sich in den kommenden Stunden die Forderung nach einer Reisekostenrückerstattung verbreitet. Aus meiner persönlichen Sicht war dieser Wunsch durchaus nachvollziehbar. Aufgrund der ungeplanten Seetage war der Treibstoff knapp geworden – und das wo wir aller paar Meter an einer Ölplattform vorbeifuhren.

Um die letzten Schweröl-Reserven sinnvoll einzuteilen, fuhr das Schiff nur mit halber Geschwindigkeit, zusätzlich wurde der Betrieb der Müllverbrennungs- und Abwasserverarbeitungsanlage eingestellt, was zur Folge hatte, dass seit den frühen Morgenstunden die Fäkalientanks überliefen und immer mehr Klos verstopften. Die Passagiere zwei Tage lang mit gutem Essen abzulenken und dann die Abwasserverarbeitung einzustellen, war eine denkbar schlechte Kombination gewesen.

Daher verstand niemand die schlussendliche Entscheidung, unser Weihnachtsfestmahl aufgrund der Lebensmittelknappheit den Passagieren zur Verfügung zu stellen. Gegen Mitternacht sollten wir in Dubai einlaufen, womit dieser Schreck hoffentlich ein Ende nehmen würde. Das geplante Weihnachtskonzert war für die meisten bis dahin der letzte Wehrmutstropfen.

Jedes Jahr zu Weihnachten bekam die Crew die Möglichkeit, auf der großen Theaterbühne ihre Talente zu präsentieren. In manch einem Mitarbeiter steckte ein unentdeckter Opernsänger oder ein beeindruckendes Hiphop-Talent. Ich mochte diese Konzerte, weil sie die Besatzung zusammenschweißten. Fast täglich hatte sich Reeves mit seinen Kollegen vor der Arbeit im Fittnessbereich getroffen, um eine Choreografie einzuüben.

Ich hatte den Theatersaal tatsächlich noch nie so voll erlebt wie an diesem Abend, anscheinend war wirklich jeder Passagier zum Zuschauen gekommen. Das geplante Programm umfasste vierzig Minuten Soloauftritte und anschließend den gemeinsamen Mitarbeiterchor, für den die Bars sogar einige Minuten lang geschlossen wurden – das einzige Mal im Jahr! Der Showmoderator war gerade dabei, die *Flying Phillies* als ersten Act anzukündigen, da waren die Frau in schwarz und ein paar weitere mit dem Bettlakenbanner auf die Bühne gestürmt, hatten „Kein Kreuzfahrtglück – Geld zurück" gebrüllt und eine offizielle Stellungnahme des Hotelmanagers gefordert. Reeves Tanznummer habe ich nie zu Gesicht bekommen.

Maya: Tag 3 – Die tote Möwe

Schokoladentäfelchen zischten durch den süßlichen Scheißegeruch. Ich stand duckbereit am Galerietresen. Eben hatte eine ältere Frau dem Showmoderator das Mi-

kro aus der Hand gerissen. Halb versteckt lugten die goldenen Pailletten seiner Jacke hinter dem Bühnenvorhang hervor. Den ganzen Tag die Sorge, wir würden an der Passagierkacke auf Grund laufen, kein Tropfen Alkohol für die Besatzung, kein Weihnachtsessen und jetzt das.
„Kein Kreuzfahrtglück – Geld zurück", brüllten immer mehr Leute im Publikum, der Lärm war ohrenbetäubend. Nach einigen Minuten reichte die Frau das Mikrofon einem älteren Mann in verschlissenem Anzug, der ebenfalls auf der Bühne stand. Er räusperte über die Lautsprecher, die brüllende Menge beruhigte sich.
„Gudden Daach, mein Name ist Professor Mettenburg, einije gennen mich bereits." Erneutes Räuspern. „Nu, wie ich in den letzten Daachen einor Vielzahl von ihnen orgläärd habe, besteht absolut geen Grund zur Panig of dor Didanic." Er grunzte ins Mikro, das Publikum verzog keine Miene.
„Jedenfalls", Räuspern, „is das Offdreden von Sandstürmn hior am Bersischen Golf seer woorscheenlich. Bedingt durch de Landflucht dor iranischen Bevölscherung in den letzten Johrn is een Großdeil dor Aggorfläschen verweisd und ausgedroggned. Bomben und Banzer haben diese droggnen Böden zorglüfded, was däm Wind nun eine größere Angriffsfläche bieded. Was wir in den lädzden Daachen ärlebt habn, is also überhaupd nich verwunderlich. Ärschreggend is viel mähr, wie mit diesor Siduation umjegangen worde. Dass än Unternehmn, das sich dem Risiko bewussd seen sollde, dausende von Menschn mit draumhafd klingndn Vorsprechn hierherloggd un dann in diesor allzu wahrscheinlichen Laache kompledd mit dor Siduation alleene lässd, is einfach ärschreg-

gend. Es hädden vorbereidnde Maßnahmn gedroffn werdn müssn. Dieses Fehlvorhaldn is schlichdweg nich zu entschuldschn! Dä Verandwordlischn müssn zor Rächenschaffd gezoochen werdn! Sie, Herr Manager", Räuspern, er adressierte einen fiktiven Punkt vor ihm, „spreschn von höherer Gewald, dabei isses Offgomm von Sandstörmen im Bersischen Golf in Wohrheed durchaus absehbor." Räuspern. „Seabird sollde für diesn Fehlor geradestehn, daher fordern wir unsor Geld zurück!"

Die Zuschauermenge brüllte Zustimmungslaute. Mettenburg strich sich über seine grauen Bartstoppeln. Ob es sich bei seiner Professur um Literatur, Mathematik oder etwa Philosophie handelte, erzählte er uns nicht. Niemand stellte seine Expertise offenkundig in Frage, dabei hatte ich in den letzten Monaten kein einziges Wüstenkörnchen in der Meeresluft verspürt.

„Kein Kreuzfahrtglück – Geld zurück", blökte die ältere Frau auf der Bühne. Immer mehr Leute stimmten erneut mit ein. Auf der anderen Seite des Schiffes preschte Lea durch die Menge.

Ich weiß bis heute nicht, ob sie etwas mit dem folgenden Ereignis zu tun hatte, doch etwas an ihrer bestimmten Art, mit der sie einige Personen anrempelte, um sich den Weg freizumachen, sagt mir, dass an diesem Tag, ihre große Karriere als Umweltaktivistin begonnen hatte.

„Kein Kreuzfahrtglück – Geld zurück.", schrien alle im Chor. Protestschilder mit dem Wort *Seahölle* wurden nach oben gehalten. Lea verschwand um eine Ecke, niemand hatte sie beachtet. Nicht einmal der Rosinentyp, der mit seinem Kollegen die Situation von der Bar aus beobachtete. Solange die Menge auch brüllte, es zeigte sich kein

weiterer Seabird-Mitarbeiter und schon gar nicht der Hotelmanager. Nach einigen Minuten ebbte die Erwartungshaltung im Raum und die ältere Frau auf der Bühne griff erneut zum Mikrofon. Ihre Lippen bewegten sich, aber nichts war zu hören, auch nicht, als die meisten ihre Rufe einstellten. Kopfschüttelnd ließ sie vom Mikrofon ab, erhob ihre Faust und brüllte laut mehrmals „Ma-na-ger" bis wieder ein gut geölter Chor entstand.
Doch er kam nicht. Stattdessen erschallte irgendwann eine Lautsprecheransage:
„Sehr geehrte Gäste, wir haben Verständnis für ihren Unmut, aber vor ana höheren Gewalt ist halt niemand gefeit. Die Seabird-Zentrale hat dennoch großzügig eingeräumt, Ihnen bei Ihrer nächsten Reise 25 Prozent Rabatt zu erlassen. Ich appelliere an Ihren Weihnachtsverstand, lassen's uns eine besinnliche Zeit auf See genießen, gell."
„Feigling", brüllte eine Männerstimme im Publikum, „So eine Abzocke" ein anderer. Erneut schaukelte sich die Stimmung nach oben, ein Wirrwarr aus wilden Rufen. Die ältere Frau in schwarz drückte dem Professor ihr Ende des Bettlakens in die Hand und stellte sich an den vorderen Bühnenrand. Mit ihren Armen wedelnd ermahnte sie zur Ruhe bis vollkommen unerwartet etwas großes Graues von den oberen Rängen herunterfiel und mit einem dumpfen Knall neben ihr auf dem Bühnenboden landete. Schockiert schrie sie auf. Die Menschen um das Laken wichen zurück und schauten verängstigt nach oben.
„Eine tote Möwe, eine tote Möwe. Ich halte es nicht mehr aus", schrie die Frau auf der Bühne hysterisch, dann stürmte sie davon. Für eine Weile herrschte Stille. Alle

starrten auf den unförmigen Federhaufen am vorderen Bühnenrand.

Es hätte ein erzürnter Gast gewesen sein können oder der morbide Trick irgendeines Besatzungsmitgliedes. Aber sollte es wirklich ein Zufall gewesen sein, dass Lea nur wenige Monate nach diesem Ereignis ausgerechnet die Protestbewegung *Dead Seagull* anführen würde?

Auf den Überwachungsvideos war angeblich nicht zu sehen, woher genau das Tier geflogen kam. Welche Beweggründe der Möwenfänger auch gehabt haben mochte, er oder sie hatte den Aufstand damit zerschlagen. Eltern hatten ihre Kinder in die Sicherheit ihrer Kabinen gebracht, manche verzogen sich diskutierend an die Bar, andere starrten noch auf den toten Vogel, der kurz darauf in den Protestbanner eingewickelt vom Housekeeping entfernt wurde.

Als wir am nächsten Morgen aufwachten, lagen wir im Hafen von Dubai. Noch nie hatte ich mich so gefreut den Burj Khalifa zu sehen. Es war der 25. Dezember. Einige Gäste hatten das Schiff mit ihren Koffern verlassen, die meisten kamen wieder. Obwohl kaum jemand über das redete, was vorgefallen war, hielt die bedrückte Stimmung noch die letzten Tage der Reise an. Auch das erinnerte mich an die Feiertage zuhause und immerhin war es doch auch irgendwie ganz normal, dem Weihnachtsfest zugute einen Vogel zu opfern.

Weihnachten ist immer eine besondere Zeit an Bord.

Maya: Vom Aufhören und Weitermachen

Vor dem Verwaltungsbüro hing eine Liste mit den Namen, dem Tag und der Abholuhrzeit der Leute, die absteigen würden. Da Leas Vertrag einen Monat vor meinem begonnen hatte, war es nur logisch, dass er auch vier Wochen vor meinem enden würde. Regelmäßig hatte ich auf die Liste geschaut. Als ihr Name wirklich draufstand, wusste ich nicht, was ich mit dieser Information anfangen sollte. Sie überschwänglich zu verabschieden, fühlte sich unpassend an. Ihren Abstieg komplett zu ignorieren, erschien mir genauso unangemessen.

Unentschlossen saß ich am Tag ihres Abstiegs mit einem Cappuccino an einem der Tische auf dem Balkon neben dem Ausgang. Fünf Minuten vor ihrer Abholzeit war Lea immer noch nicht an der Gangway. Die Security-Frau am Bordkartenlesegerät gähnte in regelmäßigen Abständen oder spielte, wenn sie sich unbeobachtet fühlte, auf ihrem Schoß mit ihrem Handy. Draußen fuhren Männer in Turbanen mit Gabelstaplern leere Paletten vom Schiff zu den Lagerhallen des Hafens. In geduckter Haltung polierte dort jemand die goldenen Stangen des Treppengeländers.

Es hatte lange gedauert, die Überreste des Sturms zu beseitigen. Viele Kubikmeter Sand wurden im ganzen Orient hin und her gekarrt, um Eingänge, Treppen und Gehwege freizulegen. Für mich waren die Ereignisse um Weihnachten zu unbedeutenden Sandkörnern in der Wüste meiner Erinnerung geworden. Nur hin und wieder wurden sie von neu aufgestiegenen Besatzungsmitgliedern aufgewirbelt, die sich nach den wilden Verschwörungstheorien über die Herkunft der toten Möwe informierten.

Der Cappuccino war nicht mehr als eine Milchschaumpfütze, als Lea endlich an der Gangway erschien. Hinter ihr Katharina mit rotfleckigen Wangen und glasigen Augen, die nach ihrer nächsten Umarmung dunkelwässrige Mascara-Ringe umrahmten. Anstatt Katharina zu trösten, griff Lea sich ans Dekolleté und öffnete ihr Namensschild. Mit der einen Hand fädelte sie den Verschluss in die Öse, mit der anderen strich sie über die freie Stelle unterhalb ihres linken Schlüsselbeins. Feierlich reichte sie der schluchzenden Katharina das Schild. Eine weitere Umarmung.

Noch immer hielt ich mich am warmen Henkel der Tasse fest, während Lea sich ihren erstaunlich kleinen Rucksack schnappte und ein letztes Mal über die Gangway die Seabird Star II verließ. Draußen stand ein weißer Range Rover mit getönten Fensterscheiben, typisch für den Orient. Lea ging geradewegs darauf zu. Sie und der Fahrer wechselten einige Worte, er verstaute ihren Rucksack im Kofferraum. Dabei drehte sie sich erneut um und ließ ihren Blick in aller Ruhe Deck für Deck am Schiff nach unten klettern.

Ehe ich wusste, wie mir geschah, schnellte mein Arm in die Höhe, die Cappuccino-Tasse schepperte vor Schreck auf ihrem Teller, so ruckartig war ich aufgestanden. Lea entdeckte mich sofort. Wir winkten uns zu, ich in Uniform an der Reling des Balkons, sie auf der anderen Seite in Jeans und T-Shirt. Mit ihrer Hand warf sie mir einen Kuss zu und lachte, als wäre sie nie etwas anderes gewesen als die kleine quietschvergnügte Frau dieses Augenblicks.

Ein unbehagliches Gefühl drang aus Katharinas Richtung zu mir herüber, ich sah im Augenwinkel, wie sie mir einen skeptischen Blick zuwarf. Ich schickte Lea zwei Luftküsse. Der Fahrer öffnete die hintere Beifahrertür und bat sie einzusteigen. Mit einem letzten Lächeln verschwand sie hinter den getönten Scheiben, bevor das Auto durch den Ausgang des Terminals fuhr.

Trotz der vielen Mitarbeiter, die mir an diesem Tag begegneten, kam mir das Schiff überraschend leer vor. Eine Person mehr oder weniger sollte eigentlich keinen Unterschied machen, aber Leas Abschied hatte eine Lücke hinterlassen. Mit ihr war auch ein Teil von mir von Bord gegangen. Zurück blieb die Angestellte und das Gefühl, diese noch sehr lange zu bleiben.

„Galeristin!", hatte meine Mutter mit stolzer Bewunderung am Telefon gerufen, als ich ihr von meiner potenziellen Beförderung erzählt hatte. „Das ist ja großartig Schatz! Bekommen wir dann Rabatt, wenn wir bei dir Urlaub machen?" Und dann ihre Fassungslosigkeit über meine Skepsis. „Dir ist schon klar, dass Arbeitslosengeld keine Lebensperspektive darstellt? Ich meine, hättest du einen Beruf gelernt, so wie wir es dir geraten haben, dann könntest du dir jetzt aussuchen, wo du arbeiten willst, aber mit einem geisteswissenschaftlichen Studium... Sei doch froh, dass du jetzt etwas machst, für das du anscheinend Talent besitzt."

Ich schwankte nach wie vor zwischen Aufhören und Weitermachen. Immerhin wusste ich, was mich hier erwartete. Was ich nicht wusste, war wann ich einen neuen Job finden würde und ob ich von meinem Leben an Land nicht genauso angeödet wäre wie Jessica von ihrem.

Lea hätte niemals einen Folgevertrag angenommen. Aber ich? Ich wusste es einfach nicht. Ich konnte genau so wenig in die Zukunft schauen wie Magina. So hatte ich sogar Unrecht in der Annahme, dass ich Lea nie wiedersähe.

Die Einsamkeit, die mich nach ihrem Abschied überfiel, ließ das Verlangen diesem Joseph nahe zu sein, so intensiv werden wie nie zuvor. Mit den Barkeepern privat in Kontakt zu treten, war für mich jedoch nicht leicht, da ihre Arbeitszeit stark von meiner abwich. Diesmal hätte ich eine komplette Nacht ohne Schlaf in Kauf genommen, um wieder in seiner Kabine zu landen – oder in meiner: Jessica war nach der Abreise der Ehefrau nahtlos zurück zu Lubosh gegangen.

Wartend hatte ich den Abend in der Crewbar verbracht. Seit der neuen Null-Promille Regelung war es dort erstaunlich ruhig geworden. Brett- und Kartenspiele erfreuten sich auf einmal großer Popularität und die Bücher im Ausleihregal wechselten regelmäßig. Als Joseph Stunden später auftauchte, marschierte er direkt in den Raucherraum. Wer davor saß, schien ihn nicht zu interessieren.

Nach gebührendem Zeitabstand folgte ich ihm. Er saß nicht allein am Tisch. Der dicke Österreicher, Jana aus dem Shop, Silvie vom Spa und ein Typ aus dem Casino, mit dem er euphorisch über irgendwas auf rumänisch sprach, während die anderen schweigend an ihren Zigaretten zogen. Joseph lachte laut, dann formte er in der

Luft einen Berg und klopfte sich auf den Bauch. Der Casinotyp brüllte etwas, das wie *Mama* klang. Ich setzte mich. Der Österreicher nickte mir zu, die Frauen lächelten verkniffen, von Joseph keine Reaktion. Als er rumänisch sprach und ich kein Wort verstand, bemerkte ich zum ersten Mal seine grünen Augen. Hell wie junges Gras.

„Die rumänische Küche ist die beste der Welt!", schoss der Casinotyp endlich auf Deutsch in die Runde.

„Na geh, des sogts es nur, wö ihrs so söltn essts", konterte der Österreicher.

Ich hätte gerne gesagt, welche Heimatspeise ich vermisste, aber deutsches Essen hing mir hier mittlerweile wirklich zum Hals raus. Auch die Frauen schwiegen. Jana strich sich mit einem ihrer zwei geflochtenen Zöpfe über die Wange. Silvie streichelte ihr nacktes Knie. In ihrem Minirock wäre mir schrecklich kalt gewesen. Die Klimaanlage im Raucherraum war konstant bemüht, die Glut der Zigaretten einzufrieren. Niemals wäre ich auf die Idee gekommen, mich hier so leicht zu kleiden.

Der Casinotyp hielt mir eine geöffnete Zigarettenschachtel entgegen. Ich lehnte kopfschüttelnd ab, woraufhin Joseph überhaupt erst bemerkte, dass ich anwesend war. Er grummelte mir ein *Hallo* entgegen und wandte sich wieder dem Casinomann zu. Jana und Silvie stierten mich an. Katzenaugen auf der Jagd. Wieder strich sich Jana mit ihrem Zopfende über die Wange und blickte Joseph an. Silvie schaute auf ihre Uhr, dann zu Joseph, der die beiden anscheinend absichtlich ignorierte.

Ich war fassungslos. Kein Typ war es wert, sich so zum Affen zu machen und dennoch, und dennoch: ich verspürte das Bedürfnis, die beiden zu überdauern.

Ich begann ein lockeres Gespräch über die Unterschiede deutscher und österreichischer Küche. Der Österreicher erläuterte gerade die Macharten von Semmel- und Kartoffelknödel – Semmelknödel aß man übrigens auch in Rumänien – da sprang Jana auf und stapfte aus dem Raum. Die Männer blickten ihr hinterher. Silvie schaute erneut auf ihre Uhr. Etwas später verließ uns auch der Casinotyp, woraufhin Silvie ihr Handgelenk zu Joseph schob und auf das Zifferblatt tippte. Er zuckte mit den Schultern.

„Tss", sie erhob sich, ließ mit einer schwungvollen Kopfdrehung ihr blondes Haar aufwirbeln und tippelte in ihrem unglaublich engen Rock davon. Der Österreicher lachte.

„Joseph, du und de Madln." Er schüttelte mit dem Kopf. Ich versuchte, einen möglichst unbeteiligten Gesichtsausdruck aufzulegen.

„I pocks a! Guat Nocht mitanand!" Er grinste mich an, dann war er weg. Sein Verschwinden hatte eine bedrückende Stille hinterlassen. Mir war noch nie aufgefallen, dass das Surren der Schiffsmotoren auch im Raucherraum zu hören war. Joseph zog an seiner Zigarette und betrachtete die Glut. Ich schien für ihn nicht zu existieren. Obwohl seine Zigarette erst halb geraucht war, drückte er sie in den Aschenbecher und klopfte sich auf die Oberschenkel.

„Na dann", er stand auf.

„Lea ist heute abgestiegen", schoss es aus mir heraus.

„Wer?"

„Lea, die Fotografin", entgegnete ich verunsichert.

„Die Kleine? Aha, schön für sie." Er erhob sich.
„Ich dachte, ihr kennt euch."
Irritierter Blick.
„Nicht wirklich, sie hat mir mal einen Gefallen getan, mehr nicht." Er wandte sich zur Tür.
„Man hat mir eine Beförderung zur Galeristin angeboten", legte ich nach, mein letzter Versuch, ihn vom Gehen abzuhalten.
„Gratuliere", trockene Stimme.
„Ich weiß nicht, ob ich sie annehmen soll."
Er schaute zu mir herunter und sagte dann sehr ernst: „Natürlich wirst du sie annehmen. Jeder fährt weiter."
„Achja? Warum fährst du denn zur See?"
Kurzes Schweigen. „Weil es eine andere Art von Gefängnis dort draußen gibt. Gute Nacht Magina."

Die meisten fahren weiter.

Joseph: Das Ende von Shokoladnij

Es war ein wahrer Glücksfall. Durch die Unmengen freier Kabinen konnte ich Nataşa an Bord holen. Seit Silvester hatten viele ihre Reise wegen des Sandsturmes storniert. Irgendein Gast hatte den Aufstand gefilmt und das Material ins Internet gestellt. Ein wirtschaftliches Desaster für Seabird – zumindest angeblich – als ob ein internationaler Konzern das nicht abpuffern könnte. Mir war das zum Glück egal, ich würde sowieso nicht wiederkommen. Der Barmanager war kein Typ für leere Drohungen.

Gleich nach dem Jahreswechsel hatte ich einen offiziellen Brief erhalten. Man würde mir mit meiner letzten Bezahlung ein Arbeitszeugnis ausstellen. Auf dem Briefpapier das grinsende Möwenlogo. Unter diesen Umständen hatte ich nicht daran geglaubt, dass Seabird mir Nataşas Besuch noch zugestehen würde. Aber Mozart hatte es irgendwie so gedreht, dass ich sogar mit ihr auf einer Passagierkabine übernachten konnte.

Seit vier Tagen war sie an Bord. Es war überraschend schön. „Warum haben wir das nicht schon vor Jahren gemacht?", hatte sie gesagt und sich wie eine Katze an mich geschmiegt. Wer hätte gedacht, dass sie sich so über eine Einladung aufs Schiff freuen würde. Zuhause wurden meine Vorschläge immer sofort abgewählt. Irgendwie war alles, was ich machte, verkehrt, sogar wenn ich tat, was sie mir sagte. Von dieser Einstellung war auf dem Schiff nichts zu spüren. Im Gegenteil.

Nataşa und ich waren auf einem Kamel geritten. Sie hatte die ganze Zeit gekichert, wie früher in der Schule, wenn die Jungs sie piesackten und ich sie heimlich beobachtete. Daraufhin hatte ich ihr meine Kündigung gebeichtet. Ihr Kommentar: eine engumschlungene Umarmung. Ich verstand die Welt nicht mehr! Das Angebot meines Bruders, nach meiner Rückkehr in der Werkstatt auszuhelfen, fand Nataşa richtig gut.

Auch die Sache mit Beck hatte sich wieder eingerenkt. Er hatte sich so für mich gefreut, als meine Frau an Bord kam, dass ich ihm nicht mehr böse war. Damit ich mit Nataşa Ausflüge unternehmen konnte, übernahm er meine Nachmittagsschichten. Gemeinsam hatten wir kurz vor ihrer Ankunft die Lavalampe einem Typen vom Housekeeping geschenkt. Der veranstaltete jetzt wöchentliche Karaoke-Abende in seiner Kabine.

„Hat Joseph hier auch diesen perfiden Ordnungstick", fragte Nataşa an der Bar. Beck filetierte gerade eine Ananas. Die beiden lachten. Sie saß an der gleichen Stelle wie Ivanka vor Monaten. Nataşa war viel hübscher, so sportlich. Genau wie schon zu Schulzeiten. Es tat gut, sie ohne Kinder am Rock zu sehen. Zum Glück gab es meine Schwiegermutter, um zuhause aufzupassen.

In diesem Augenblick fühlte sich alles richtig an. Meine Kündigung, die Kinder, unsere Ehe. Aber eines hatte ich bei Seabird gelernt: Der Mensch war ein Tier. Über Jahrhunderte wurden wir gelehrt, unsere Instinkte zu unterdrücken. Glaubenssätze, Religion, Politik. Ich musste mit dem Schiff einmal um den ganzen Erdball fahren, um zu begreifen, dass Menschen nichts anderes taten, als fremde Regeln zu befolgen.

Ich liebte meine Frau, sie war eine gute Mutter, aber die heile Welt der Filme konnte mir nicht länger den

Kopf verdrehen. Ich war nicht für eine einzige Frau gemacht. Mit dieser Erkenntnis wollte ich in meine Heimat zurückkehren und ein neues, ein freieres Leben beginnen.

Nachdem Nataşa von Bord gegangen war, würdigte ich sie mit einem Strich in meinem Büchlein. Blätterte ich das Buch wie ein Daumenkino, dann sah es aus, als würden die Striche von den Seiten fliehen wollen. Ein merkwürdiges Gefühl – so beunruhigend, dass ich das Buch beim Packen fast zurückgelassen hätte. Doch meine Mutter lächelte mich an und ich hatte mich dagegen entschieden. Immerhin war es der einzige Beweis, dass das hier alles real gewesen war.

*Am Ende führt
jede Reise nach Hause.*

Maya: Auktionspenisse und Hammerschläge

Es war mein letzter Abend an Bord. Ich befand mich in einem merkwürdigen Zustand aus euphorischer Erleichterung und melancholischem Trennungsschmerz.

Die Arbeit unter Anastasia war wirklich in Ordnung gewesen, trotzdem freute ich mich auf meinen Urlaub zuhause: ausschlafen, kochen, meine Freunde treffen, von der verrückten Schiffswelt erzählen und ein frisch gebackenes Brot anschneiden. In der Crewkantine lagen die Scheiben schon immer in einem Körbchen bereit. Seit Wochen fantasierte ich davon, einen noch warmen, krossen Brotlaib in den Händen zu halten. Meine Daumen drückten auf die feste Kruste, ich sog den Duft ein, anschließend würde ich mit einem geriffelten Brotmesser eine dicke Scheibe abschneiden, wobei sich kleine Teigklümpchen an der Klinge bildeten, weil das Brot noch so frisch war. Wie ein Mehlwurm würde ich mich durch den Laib fressen, meine Finger tief hineinbohren, kleine Stücke herausreißen und mich einfach freuen, wieder zuhause in Mischbrot-Deutschland zu sein.

Vor einer Woche war meine Ablösung an Bord gekommen. Ich hatte sie auf die Assistenzposition eingearbeitet, nachdem Anastasia mir alles beigebracht hatte, was ich für meinen kommenden Vertrag als Galeristin in der Karibik wissen musste. Die Neue war gewissenhaft, sie würde eine gute Angestellte sein, auch wenn ihre trüben Augen noch von Überforderung sprachen. Bei ihrer zweiten Auktion war sie für einen Moment knallrot angelaufen. Da wäre wohl ein Typ im Bademantel unter den Zuschauern gewesen, hatte sie später erklärt.

Ich selbst fühlte mich für die Zukunft gut vorbereitet und freute mich sogar darauf, bald den Auktionshammer zu schwingen. Nach der ewigen Zerrissenheit hatte ich endlich meinen Frieden gefunden und blickte abgeklärter auf die Welt als noch sechs Monate zuvor. Und doch, und doch schaffte es mein letzter Abend an Bord mich noch einmal zu überraschen.

Ich saß mit Hilko in der Crewbar. Dieser schräge Paradiesvogel, der den Großteil seines Lebens für das Musikprogramm auf Kreuzfahrtschiffen gesorgt hatte, war zu einem meiner liebsten Menschen an Bord geworden. Da die Musiker mehr Freizeit hatten als der Rest der Besatzung, waren sie in der Lage, auch über andere Dinge als das Schiffsleben zu sprechen. Sie berichteten von ihren Ausflügen oder Büchern, die sie lasen. Hilko liebte Komödien der 50er Jahre, seine Imitationen von Carry Grant und Marilyn Monroe hatten mich oft zum Lachen gebracht. Allerdings nicht annähernd so sehr wie das, was er an meinem letzten Abend zu mir sagte.

Zwei seiner Bandkollegen tobten am Flipperautomat. Klickgeräusche, das Rollen der Kugel und hin und wieder Musik wie aus einem Computerspiel der 80er.

„Ich weiß genau, was du an ihr gefunden hast", murmelte Hilko. Er kratzte seinen braun gefärbten Bart, dann nahm er einen Schluck von seiner Bierflasche. „Dieser Hintern, wie eine kleine Knospe." Wir waren auf Lea zu sprechen gekommen, weil die Blumen auf seinem Hawaii-Hemd mich an das Griechenlandfoto erinnert hatten.

„Da hätte ich auch nicht nein gesagt", fuhr Hilko fort.

„Weißt du, sie erinnert mich ein bisschen an die Frauen in Thailand." Er bekam diesen leeren Gesichtsausdruck von Menschen, die sich gedanklich ganz woanders aufhalten.
„Weißt du, was an Thailand so besonders ist?" Er ruckelte am Schirm seines grünen Basecaps.
„Let's go craaaazy", schepperte der Automat
„Die Schönheit der Natur?"
„Aber nein, die Schönheit der Frauen." Er hielt kurz inne. „Weißt du nicht, was die Frauen dort so besonders macht?" Seine Augen hatten sich geweitet. Ich räusperte ihm meine Ahnungslosigkeit entgegen.
„Ehrlich gesagt", er hatte die Stimme gesenkt und sich näher zu mir heran gebeugt, „habe ich eine ganz besondere Vorliebe, für die es sich lohnt, dorthin zu reisen."
„Neiiiin", schrie der Schlagzeuger. Der Flipperautomat spielte seine Todesmelodie.
Hilko blickte sich um. „Du musst aber schwören, dass du es niemandem weitererzählst!"
Ich nickte.
„Schwörst du es wirklich?"
„Soll ich nach einem Messer fragen? Dann können wir eine Blutschwur-Zeremonie vornehmen."
Er rollte genervt mit den Augen.
„Nagut, ich schwöre und versichere dir hiermit mein Stillschweigen."
Er atmete tief durch und sagte dann: „Ich steh auch ein bisschen auf Männer, aber nicht richtig, verstehst du?"
Ich schüttelte meinen Kopf.
„Naja, ich finds gut, wenn sie beides haben. Das Beste, was die Natur zu bieten hat, vereint."

Beides? Der Mann sprach in Rätseln.
„Versteh mich jetzt nicht falsch, ich frage das, weil du Lea auch so gut fandest und nur deswegen. Hast du", er setzte ab und wurde noch leiser, „Hast du auch einen?"
„Halleluja", schrie der Keyboarder am Flipper. Das Ding blinkte wie in einem Casino.
„Einen was?", fragte ich vollkommen irritiert.
„Meine Güte Maya, einen du weißt schon", er wandte seinen Blick von mir geradewegs auf seinen Schritt.
War das sein Ernst? Hilkos vor Aufregung geweitete Augen hielten mich davon ab, laut aufzulachen. Mein Kopf fühlte sich heiß an.
„Nein", ich wieherte mehr als das ich sprach. Räuspern. Enttäuschung begrub das Funkeln in seinen Augen. Wir schwiegen einen Moment. Der Schlagzeuger drückte dem Keyboarder einen Geldschein in die Hand.
„Ich hoffe, du verstehst das nicht als Beleidigung. Ich dachte nur, bei dir hätte ich es mir vorstellen können."
Ich rief mir mein Spiegelbild in Erinnerung. Aha.
Hilko schob sein Basecap hoch, kratzte sich an der Stirn und nahm einen Schluck alkoholfreies Bier.
Wie ich seinen bedröppelten Gesichtsausdruck beobachtete, überkam mich pure Lebensfreude. Unsere Welt hatte so viele schräge Nuancen, von denen ich vor meiner Zeit an Bord keine Ahnung gehabt hatte. Was wusste meine Familie schon von der vielschichtigen Realität außerhalb unserer deutschen Wohlfühlzone. Fragwürdige Arbeitsbedingungen, die den Luxus von wenigen rechtfertigen, Champagner, Scheichs und Kaschmirschals, die Brutalität des Meeres, Sandkörner, die alles lahmlegen, ein serbischer Musiker, der glaubt, ich wäre ein Mann. All

diese Erfahrungen, weil ich hinaus in die Welt gegangen war. Ein Kichern stieg in mir auf. Erst blickte Hilko beleidigt, bis mein herzliches Lachen ihn mitzog. Ich lachte über gerade eben, ich lachte über mein Missgeschick bei der ersten Auktion, über den Rosinenmann und die merkwürdige Behauptung, Lea wäre seine Freundin.

Wir lachten bis ich Seitenstechen bekam und nach Luft schnappte. Hilko klopfte mir sanft auf den Rücken. Dann stand er auf und breitete seine Arme aus.
„Bis zum nächsten Mal Maya." Ich sog seinen Fruchtkaugummi-Geruch ein und verabschiedete mich, wohl wissend, dass das gerade mein Lieblingsmoment des gesamten Vertrages gewesen war. Er war die Krönung meiner Zeit an Bord. Dieser Moment und Lea.

Entgegen meiner Vermutung habe ich sie tatsächlich wiedergesehen. Erst im Hafen von Hamburg: Inmitten einer Handvoll Umweltaktivisten auf Ruderbooten. Sie hielt ein Plakat mit dem Logo der Gruppe *Dead Seagull* in die Höhe. Ein Möwenkopf mit Piratentuch, der Körper vom Hals abwärts ein Skelett. Mit ihren radikalen Demonstrationen gegen die internationale *Seagel-Group*, dem weltweit größten Kreuzfahrtanbieter, zu dem auch Seabird gehörte, sorgte die Gruppe eine Zeitlang für Schlagzeilen. Blockaden von Passagen, Bewurf der Schiffe mit schwerölgefüllten Ballons und an Plastikbruch verstorbenen Meerestieren, sogar ein Novo-Virus-Vorfall wurde in den Medien der Gruppe zugeordnet.

Eines Abends schaltete ich durch das Fernsehprogramm und blieb bei einer Talkrunde zur Auswirkung der Klimaentwicklung hängen. Da saß sie, schwarzer Nasenring, dunkelblauer Blazer, auf der freien Seite ihres

Undercuts das Logo von *Dead Seagull* tätowiert. Ich hätte sie im ersten Augenblick gar nicht wiedererkannt, wäre da nicht diese einschlagende Überzeugungskraft in ihrer Stimme gewesen.

„Haben Sie nicht selbst auf einem Schiff gearbeitet?", fragte die Moderatorin. Leas Antwort wie immer ein abgefeuertes Geschoss: „Gerade deshalb finde ich es umso wichtiger, dieser kapitalistisch organisierten Zerstörung ein Ende zu bereiten. Ich habe direkt miterlebt, wie Schiffe Bestandteil der globalen Ressourcenverschwendung und Ausbeutung von Arbeitskräften sind."

„Also sind Sie der Auffassung, dass die Regularien zum Schutz der Umwelt und der Angestellten nicht ausreichen?"

„Solange die Kontrolle der Einhaltung dieser Gesetzte den Unternehmen überlassen ist, sehe ich darin nur eine gut inszenierte Fassade." *Lea, die große Revolution.*

Im Interview wurde nicht erläutert, ob sie erst nach Seabird ihre Bestimmung gefunden hatte oder ob von an Anfang an ihr Plan gewesen war, das System Kreuzfahrt von innen auszuspionieren. Leider hatte ich keine Zeit, mir die komplette Sendung anzuschauen. Die Abendauktion wartete auf mich, meine Assistentin hatte schon sämtliche Bilder auf die Bühne gebracht.

Das Schiff verändert jeden.

SEE YOU SOON!
On Seabird

WIE DIESES BUCH ENTSTAND

An einem Abend im Winter 2018 fragte mich Gunther, ob ich ihm ein paar Infos für ein Projekt über Kreuzfahrten liefern könne. Wir kennen uns noch aus Schulzeiten und haben schon früher gerne gemeinsam Ideen entwickelt. So entstanden auch an diesem Abend zahlreiche Gestaltungsansätze – von denen bisher noch keine umgesetzt wurde! Denn im Laufe der kommenden Monate stellte sich heraus, dass ich zum Thema Kreuzfahrt doch mehr zu sagen hatte, als ursprünglich gedacht und unser kleines Projekt wandelte sich hin zu diesem illustrierten Roman.

Ich selbst habe eine Weile auf einem Kreuzfahrtschiff gearbeitet. Viele Besatzungsmitglieder haben mir in meiner Zeit an Bord erzählt, dass sie ihren ersten Vertrag furchtbar fanden, doch ihren Job mittlerweile liebten. Auch ich hätte fast einen weiteren Vertrag angenommen. Wie kommt es also, dass Menschen sich so an Umstände gewöhnen, dass sie es dort lieben lernen? Und warum interessiert niemanden, was dem Planeten dabei angetan wird? Außerdem hatten Passagiere mich immer wieder gefragt, wie es denn sei, auf dem Schiff zu leben. Seabirds ist mein Versuch, Antworten auf diese Fragen zu geben.

Sicher drängt sich dann auch die Frage auf, inwiefern die Handlung in diesem Buch auf realen Umständen basiert. Ich möchte daher betonen, dass alle Charaktere frei erfunden sind! Aber natürlich basiert jede Idee auf irgendeiner Grundlage. Und sind wir nicht alle hin und wieder ein bisschen wie Maya oder Joseph? Ich glaube, jeder von uns macht manchmal aus Angst oder Selbstzweifeln das Gegenteil von dem, was er oder sie sich erhofft oder für richtig hält. Daher wünsche ich uns allen mehr Mut, Neues zu wagen, um unsere Träume zu verwirklichen.

Abschließend danke ich dem netten Barkeeper an Bord, der mir immer ein paar Ananasstücke aufgehoben hat, allen Leuten, die bei mir Kunst gekauft haben und vor allem meinen rumänischen Technikerfreunden. Ohne euch wäre meine Zeit auf See nicht die gleiche gewesen.

Und Gunther: du bist ne geile Sau! Ich schätze deine Ehrlichkeit, bewundere deinen kreativen Strich und bin dankbar, dass dein Impuls dieses Projekt ermöglicht hat.

ÜBER UNS

STEFANIE LEISTNER wurde 1988 in Berlin geboren. Nach ihrem Studium der Theaterwissenschaften und des Kunstmanagements lernte sie die Welt der Kreuzfahrt kennen. Fasziniert von der Frage, warum Menschen dort unter widrigen Lebensbedingungen freiwillig arbeiten, widmete sie diesem Thema ihren ersten Roman Seabirds – auf dem Meer zuhause.

Mehr über Stefanie auf *www.stefanieleistner.de*

Sicher drängt sich dann auch die Frage auf, inwiefern die Handlung in diesem Buch auf realen Umständen basiert. Ich möchte daher betonen, dass alle Charaktere frei erfunden sind! Aber natürlich basiert jede Idee auf irgendeiner Grundlage. Und sind wir nicht alle hin und wieder ein bisschen wie Maya oder Joseph? Ich glaube, jeder von uns macht manchmal aus Angst oder Selbstzweifeln das Gegenteil von dem, was er oder sie sich erhofft oder für richtig hält. Daher wünsche ich uns allen mehr Mut, Neues zu wagen, um unsere Träume zu verwirklichen.

Abschließend danke ich dem netten Barkeeper an Bord, der mir immer ein paar Ananasstücke aufgehoben hat, allen Leuten, die bei mir Kunst gekauft haben und vor allem meinen rumänischen Technikerfreunden. Ohne euch wäre meine Zeit auf See nicht die gleiche gewesen.

Und Gunther: du bist ne geile Sau! Ich schätze deine Ehrlichkeit, bewundere deinen kreativen Strich und bin dankbar, dass dein Impuls dieses Projekt ermöglicht hat.

ÜBER UNS

Autorenfoto: Sebastian Lassak

STEFANIE LEISTNER wurde 1988 in Berlin geboren. Nach ihrem Studium der Theaterwissenschaften und des Kunstmanagements lernte sie die Welt der Kreuzfahrt kennen. Fasziniert von der Frage, warum Menschen dort unter widrigen Lebensbedingungen freiwillig arbeiten, widmete sie diesem Thema ihren ersten Roman Seabirds – auf dem Meer zuhause.

Mehr über Stefanie auf *www.stefanieleistner.de*

GUNTHER SCHUMANN wurde 1987 in Berlin geboren und würde niemals auch nur einen Fuß auf ein Kreuzfahrtschiff setzen. Durch seine Zeichnungen möchte er der bunten Scheinwelt eine gehörige Prise Ironie hinzufügen und das sichtbar machen, was womöglich nur zwischen den Zeilen des Romans zu finden ist.

Mehr über Gunther auf *www.guntherschumann.de*

HÖRBUCH

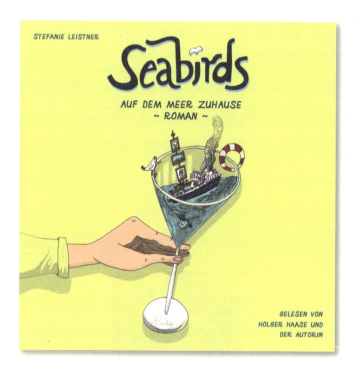

SEABIRDS gibt es übrigens auch zum Anhören:
Fünf Stunden Kreuzfahrtwelt gelesen von Filmregisseur
Holger Haase und der Autorin.

Erhältlich zum Download überall, wo es Hörbücher gibt.